智能交通领域物联网技术的研究与创新

张娟萍 刘 军 著

吉林科学技术出版社

图书在版编目（CIP）数据

智能交通领域物联网技术的研究与创新 / 张娟萍，
刘军著 . -- 长春 : 吉林科学技术出版社，2023.3

ISBN 978-7-5744-0222-5

Ⅰ．①智⋯ Ⅱ．①张⋯ ②刘⋯ Ⅲ．①物联网—应用
—智能运输系统—研究 Ⅳ．① F502-39

中国国家版本馆 CIP 数据核字（2023）第 058454 号

智能交通领域物联网技术的研究与创新

著　　者	张娟萍　刘　军
出 版 人	宛　霞
责任编辑	李　超
封面设计	树人教育
制　　版	树人教育
幅面尺寸	185mm×260mm
开　　本	16
字　　数	230 千字
印　　张	10.625
版　　次	2023 年 3 月第 1 版
印　　次	2023 年 3 月第 1 次印刷
出　　版	吉林科学技术出版社
发　　行	吉林科学技术出版社
地　　址	长春市南关区福祉大路 5788 号出版大厦 A 座
邮　　编	130118

发行部电话 / 传真　0431—81629529　　　81629530　　　81629531
　　　　　　　　　　81629532　　　81629533　　　81629534

储运部电话　0431—86059116

编辑部电话　0431—81629520

印　　刷	廊坊市广阳区九洲印刷厂
书　　号	ISBN 978-7-5744-0222-5
定　　价	75.00 元

前　言

作为人类信息技术发展的又一个新台阶，物联网产业与技术的发展能推进、创新商业模式。由于物联网产业链条较长，参与的企业瞄准重大关键技术的研发与应用，探索多方共赢、互利的商业模式，以适应大规模、快速化和跨行业的应用。以应用助推关键、核心技术发展，以关键、核心技术引领新业态、新模式，互为动力，作为物联网持续发展的核心驱动力，作为把握未来国际经济、科技竞争力主动权，作为迎接物联网产业与技术发展新一轮攀升的基础。

随着我国城市建设的高速发展，交通行业在此期间得到了国家和政府的大力支持，在很大程度上取得了令人瞩目的成绩，利用先进技术的监控系统就是其中一项，为交通行业的发展发挥不可忽视的作用。目前，物联网技术在智能交通领域已被广泛应用，使交通领域迈向一个新的台阶，本书将从我国交通领域的实际情况出发，对物联网技术在智能交通领域的应用进行深入研究，以期为我国交通领域得到更好的发展提供参考性意见。主要内容，首先介绍了智能交通、物联网技术的基本内容，然后分析了智能交通与物联网技术的融合，之后详细地探究了智能交通领域物联网设备维护、智能交通领域物联网运营管理，最后对智能交通与物联网技术的创新、智能交通与物联网技术的应用进行分析和总结。

另外，本书在撰写过程中，参阅了大量的文献资料，引用了诸多专家和学者的研究成果，由于篇幅有限，不能一一列举，在此表示最诚挚的感谢。由于作者水平和时间有限，书中难免存有疏漏和不妥之处，敬请广大读者批评指正。

目录

第一章　智能交通

第一节　智能交通的发展

本节首先概述了人工智能以及智能交通，接着阐述了智能交通的具体应用，包括交通综合治理、智能出行、无人驾驶，最后讨论了智能交通发展面临的问题并给出了针对性建议。

随着信息技术的快速发展，人工智能技术已在许多领域逐渐从学术研究进入实际应用。当前，世界的联系性显著增强，便捷高效的交通是高质量生活的重要保证，更是经济、社会稳定发展的重要因素。然而，随着城市化的进程和汽车的普及，交通运输问题日益严重，如交通拥堵、交通事故、环境污染等。在这种背景下，研究者提出了智能交通系统，该系统旨在利用人工智能相关的技术，将车辆、行人、驾驶员和道路等交通要素通盘考虑，从而系统缓解甚至解决当前交通系统面临的各项问题。

智能交通系统是将现代计算机技术，通信技术和信息技术等有效地用于交通运输体系，使车辆、道路，驾驶者及相关服务部门有机地结合起来而组成的一种实时、准确和高效的综合运输管理系统。20世纪60年代到70年代是智能交通的探索阶段，后来由于电子和通信技术的飞速发展，ITS开始有了基本的支持技术。现阶段，随着技术的进步，产生了许多智能交通的具体应用。

将人工智能充分引入交通领域，能够促进传统交通的转型发展，从而为改善出行环境、提高运输效率、解决环境问题等提供技术基础。

一、人工智能概述

人工智能（Artificial Intelligence.AI）是计算机科学的分支学科，主要是研究人的智能扩展到计算机中的理论、方法、技术。人工智能的目标是设计出能够与人类智能相似的智能机器或系统，代替人类完成各项任务，该领域的研究包括语音识别、自然语言处理、机器人、计算机视觉和专家系统等。

要实现智能交通的深度发展和应用，离不开图像识别技术和大数据处理技术。作为人工智能的一个重要领域，图像识别技术是指对图像进行对象识别，以识别各种不同模式的目标和对象的技术。图像识别主要依赖对图像中的特征进行提取和表达，如计算机可以利用字母 A 的尖、Y 中心的锐角等特征对字母图片进行识别。对人类识别图像的研究发现，人眼的视线总是集中在图像中的棱角、线条等梯度最大或方向突变的位置，这些位置包含了图像中的大部分信息，是人类识别图像所要提取的主要信息。在人类图像识别系统中，对于熟悉的图形，人脑会把它当作一个单元来识别，处理过程相对简单；对于复杂图像的识别往往要通过不同层次的信息加工才能实现，目前的深度学习技术正是借鉴了这种特征才得以在实际应用中表现出远高于传统模型的效果。

大数据是指无法在有限时间范围内用常规软件工具进行捕捉、管理和处理的海量数据，具有数据总量大、增长迅速和类型多样等特征。从技术上看，大数据的处理往往需要强大的计算能力的支撑，无法用单台的计算机进行处理，现阶段主要采用分布式架构对其进行挖掘。国务院在 2015 年印发了《促进大数据发展行动纲要》，《纲要》对大数据的发展进行了顶层设计，对大数据的发展作出了系统部署，其中也提到了大数据应与实际紧密结合，可以说，发展智能交通将迎来新的机遇。

二、智能交通的具体应用

（一）交通综合治理

交通堵塞一直以来是各国在城市化发展过程中面临的棘手问题，随着人工智能在交通领域的深化应用，交通堵塞问题有望得到有效解决。2018 年 1 月，高德地图、交通运输部科学研究院、阿里云联合发布了《2017 年度中国主要城市交通分析报告》。《报告》提出了一种评价城市交通拥堵情况的指标 - "拥堵延时指数"，通过该指标能够客观反映城市交通拥堵状况。《报告》指出，同比 2016 年，2017 年主要城市的拥堵情况持平或下降，全国城市拥堵趋势下降，可以说 2017 年以来各地治理拥堵效果显著。《报告》指出，上述治堵成果的取得，很大程度上得益于人工智能和大数据技术的支持。

2016 年，杭州市政府公布了一项"疯狂"的计划—杭州城市数据大脑计划，通过人工智能技术改善城市的如交通、医疗等服务水平。经过初步试验表明，城市大脑通过智能调节红绿灯的时间，能够使车辆通行速度最高提升 11%。"城市大脑"的内核源于阿里云 ET 人工智能技术，利用从部署在城市各处的传感器实时收集数据，从而对整个城市进行全局实时分析，自动调配公共资源，目标是成为治理城市的超级人工智能。杭州是中国首个将智能交通系统大规模地运用到城区中的城市，某种程度上引领了一种智能化时代的趋势。

（二）智能出行

在社会各方面迅猛发展的中国，交通是资源调配的重要一环。作为个体的社会公民，其出行消费也应看作一个资源调配的基本单元，同时，公众对出行的智能化需求越来越高。

近年来滴滴凭借互联网巨头的资本支持和高效管理，掌控了汽车出行市场的较大份额。

在滴滴腾飞过程中，人工智能技术在其中有着支撑性作用。2016年滴滴成立了滴滴研究院。在研究院成立后滴滴就结合其在出行领域积累的大数据与人工智能技术，构建了被称为滴滴交通大脑的智能出行系统。该系统能够实时根据出行需求与运力对平台的车辆进行调度，尽可能地满足公众的出行需求，提高服务的满意度。

滴滴研究院最近利用深度学习技术建立了一个新的智能出行系统，系统能够根据路况、历史出行数据等信息对某一时刻某一地点的用户出现需求进行实时预测，实现车辆的超前调配。结果表明，由于深度学习技术的应用使预测误差大概降低了70%。在许多大城市，高峰期打车困难屡见不鲜，之前人们常常认为是由于运力与需求不匹配导致的，但滴滴公司通过对其出现大数据的分析表明，在高峰期滴滴的运力其实是充足的，也就是说供求是平衡的，造成打车困难的主要原因是车辆分布不合理，过去常常会出现在高峰期有的地方打不到车，有的地方车辆空驶的情况。因此，滴滴通过把地区切分成一个个六边形区域，之后在六边形里面计算订单数和空车数，利用其智能出行系统对车辆进行智能调配，尽可能地满足用户的出行需求。

（三）无人驾驶

根据世界卫生组织的数据，全世界平均每年因交通事故会夺走大约124万人的生命，到2030年，预计这一数字将会增加到220万人。因此，安全出行，千百年间一直是人们追求的目标，而无人驾驶汽车的出现，将使这一愿景成为可能。

无人驾驶汽车是一种智能汽车，不需要驾驶员操控，因而可以称为轮式移动机器人，主要依靠包括路况感知、车辆控制、路线规划等模块组成的智能驾驶系统实现无人驾驶。相比于普通汽车，无人驾驶汽车更加安全稳定。防抱死制动系统是引领汽车工业向无人化方向发展的早期技术之一。研究表明，相比驾驶员，防抱死系统可以实时监控车辆的轮胎情况，并及时做出反应，反应时机比驾驶员把握得更加准确也更加迅速。据研究，无人驾驶汽车如果普及应用，交通事故将会大幅减少，数百万人的生命或许将得到挽救。

从产生到成长，从成熟到应用，人工智能正在改变人们的生活方式，并会对未来的世界发展产生巨大的影响。在交通领域，人工智能技术为核心的智能交通系统体现出它不可比拟的优越性。然而，无人驾驶汽车仍然出现小事故，初代阿尔法狗对决时出现bug、特斯拉汽车制造机器人生产线遭质疑等问题反映了人工智能的局限性。身处21世纪，我们要充分认识到人工智能的两面性，在智能交通领域，既不能畏惧突破，徘徊不前；也不能一味地依赖技术，丧失了自己的创造力和思想，成为技术的傀儡。如上述提到的无人驾驶汽车，不能苛求其完美无缺，但其安全性依旧需要更多的模拟实验来验证；初代阿尔法狗的"bug"，虽然更新后已解决，但技术人员仍应分析系统出现问题的真实原因，记录数据，不断总结；特斯拉汽车生产线采用机器人所引发的工人失业问题也需要政府有关部门紧密配合，平稳过渡。总之，想要使智能交通发挥出更稳定高效的作用，还要经历一段漫长的探索。

第二节　基于大数据的智能交通

交通系统具有很强的随机性、模糊性和不确定性，充分利用大数据技术从中发现内在规律，并为现代交通管理提供可靠、快速和准确的技术支持是很有必要的。鉴于此，从桥梁健康监测、交通能耗监测、智慧高速公路系统三个方面介绍大数据在智能交通领域的应用，并对其产生的积极效果进行展望。

交通管理运营中产生的数据数量庞大、种类多样、实时性强，蕴藏着巨大的价值，已经充分体现出大数据的"4V"特征。特别是在物联网时代，智能交通必然和人类活动产生的大数据有着千丝万缕的联系，应用大数据技术对采集的交通数据进行有效处理、分析和应用，能够完成以往难以实现的工作。大数据技术将推动交通领域的智慧化进程，同时交通系统的快速发展又会反过来推动大数据技术的完善和成熟。本节选取桥梁健康监测、交通能耗监测、智慧高速公路三个方面说明大数据技术的应用技术及其前景。如果运用传统人工方法，这三个方面的工作将消耗巨大的人力、物力，又不能开展实时分析。然而，新兴的大数据技术为合理解决该问题提供了新的、有希望的途径。

一、基于大数据的桥梁健康监测

桥梁是高速公路系统中经常用到的结构。随着时间的推移，各种不良因素的作用，如汽车荷载、腐蚀效应、材料老化等，桥梁结构逐渐产生自然老化、损伤积累，如果这些损坏不能及时发现和修复，将会成为交通的安全隐患，缩短桥梁的使用寿命，乃至造成桥梁的突然破坏和倒塌。现在的桥梁健康监测在很大程度上是靠人的经验，缺乏科学和系统的方法，这就导致对桥梁情况缺乏全面的了解和判断以及及时的信息反馈。如果对桥梁不良因素的评估不够充分，有可能失去修复的最佳时间，这些因素的存在，将使桥梁损坏的过程加快，桥梁的使用寿命缩短；如果桥梁的损坏被高估从而判断需要维修，会对社会资源和资金造成大量浪费。

桥梁健康监测从信息的角度出发，可以看作是一个桥梁重要位置数据采集和处理的过程。这些数据包括桥梁健康监测环境数据、规范设定及参数量化数据、数值模型及模拟计算数据、人工采集及性能评价数据、桥梁档案及施工控制数据等。这些数量庞大、种类多样、实时性强的数据蕴藏着巨大的价值，通过对其进行深入挖掘和分析，可以高效、立体、全方位地掌握桥梁健康状况。

（一）状态监测

基于大数据的监测相比传统的监测技术，是多种数据的全方位应用。新技术通过对监测数据的自动化、标准化采集，实现桥梁的实时监测与远程控制，最终实现连续定期地对桥梁特定部件进行状态监视，并通过对异常信息进行分析，判断损伤的部位和性质。

（二）风险管理及预警

大数据下的桥梁风险管理及预警系统可以对桥梁可能面临的风险进行备案，并根据实时评估的情况作出相应的预警，同时将信息发送至远端控制中心，经结构性能的验算和隐患排查，发布维修方案至不同客户端平台。

大数据下的桥梁健康监测与养护管理将不仅仅局限于数据的收集和局部应用，而且能形成一条完整的信息链，包括桥梁的设计、施工、管理、监测、加固及养护，实现桥梁寿命的准确评估预测。依托于大数据，桥梁的健康监测及管理养护必然会走向迅速化、标准化、智能化，同时充分应用物联网、云计算、虚拟现实技术等形成先进的智慧桥梁监测核心。

二、基于大数据的交通能耗监测

城市交通的快速建设同时伴随着很多问题，如交通能耗、环境污染，这些问题在绿色发展道路中尤为明显，同时也限制了城市发展。我国交通行业车型复杂（包括出租车、郊区客运、省际车辆、货运、公交、旅游车辆等），各种车辆的技术状态参差不齐，不同行业的管理需求和技术手段各不相同。车辆是城市交通能耗和二氧化碳排放的重要来源，每天都会产生大量的数据，其中包括位置、速度、瞬时能耗等各种信息；车辆数据以前主要为结构化数据，但是随着数据手机技术的发展，非结构化数据的收集也逐步被重视起来，如图片、视频等；同时，车辆的数据具有限时性，需要在一定的时间内及时处理。综上所述，浮动车产生的数据具有明显的大数据特征，其数据的复杂和多样，导致信息处理十分困难。

（一）大数据实时计算

大数据实时计算平台可以对数据进行挖掘和分析，如实时地图匹配，高性能、复杂车辆位置查询。计算存储框架采用 Hadoop，分布式计算存储框架采用 Storm，利用噪声数据和平滑数据处理技术，包括分箱、聚类、回归等，进行统计分析和特征提取，可有效地解决交通行业营运车辆车型构成复杂、技术状态参差不齐的问题。

（二）能耗分析决策

能耗决策平台，是针对在云计算环境下 MapReduce 并行处理技术的高性能处理方法，为高效能耗决策提供算法上的支持。平台主要采用了遗传算法、神经网络等各种计算机自主学习的方法。根据不同数据格式设计合理的存储模型和压缩机制，使得查询速度基本不受限于数据量的大小，可解决数据量庞大的问题。

基于大数据的交通能耗平台有三个创新的方面：①实现监测工作现代化，充分利用无线通信、物联网、云计算等先进的技术，使监测工作从人工逐步过渡到利用各种传感器、监控等设备的现代能耗监测模式；②实现监测效率高效化，监测人员通过网上平台数据共享，高效快速地进行检测任务，充分提高效率，提升工作质量，实现智能办公，节省人力物力，缩短决策时间；③实现监测管理标准化，大数据下的交通能耗监测平台为管理人员提供了便捷高效的手段，从而可以规范监测并对其进行监督，提供标准的、规范的监督流程，从而提高管理效率。

三、基于大数据的智慧高速公路

（一）基于大数据的拥挤自动识别

基于大数据的高速公路交通拥挤自动识别系统能够快速、有效地解决拥挤问题，它包括交通信息采集子系统、交通监视子系统、交通通信子系统、交通控制中心、救援与信息发布子系统等部分。

在高速公路交通拥挤自动识别系统中，车辆驶入高速路段配备 CPU 设备（该设备同时具有把行车数据实时传送回智能交通平台的功能），通过该设备能够实现不停车收费，能有效减少高速收费站拥堵。其基本流程是：通过交通监视子系统采集车辆数据（数据信息、语音信息、图像信息），交通通信子系统把信息传递给智能交通平台，运用云计算识别路段是否拥挤，并通过一段时间的检验（3 级报警制度）将拥挤的程度分成三个不同的等级，将不同等级对应的方案激活并反馈给管理人员，采用相应的措施进行疏导或者救援。交通信息发布子系统通过各种现代化网络途径，为出行者准确、快速地提供完善的交通信息服务。基于大数据的拥挤自动识别系统融合多种数据，对出行路况进行介绍和预测，通过行车导航为大众提供最优的路线，能够大幅度地缓解高速公路拥堵。

（二）高速公路"潮汐式"车道

"潮汐车道"是指根据各时间段不同的交通流量，对有条件的道路进行可调节性的拓宽，缩减利用率低的方向的车道。它通过改变车道分割栏的位置等方式，控制主干道车道行驶方向来调整车道数，提高车道使用效率。每逢节假日高速公路都会迎来堵车的情况，"汐式"车道能够很好地解决这种状况。所以实现"潮汐式"车道有一个必要条件，就是所涉路段的交通流量在某时间内非常小，另一方向的车流量处于拥堵的状态。国内的节假日高速公路正是属于这种情况，双方向的车流量符合该条件。

智能"潮汐式"车道工作流程：车辆进入高速公路，通过 CPU 设备向智能交通平台实时发送自己的信息。智能交通平台将各个高速路上的车辆信息统一收集分析，来判断高速公路堵车的情况，同时根据实时监控数据判断另一侧车道的车流数量，结合以往高速公路记录数据预测将会出现的车流高峰，计算出其车辆稀疏侧车道最少所需的车道数。如果高速公路一向车道的车辆数在一定距离内达到某一值，另一向车道上能够减少车道而不影响高速车辆通行，由交通平台通过网络系统通知管理人员，由管理人员最终核定后启动"潮汐式"方案。智能交通平台通过 CPU 设备将高速公路变道的相关信息通知稀疏车道车辆上的驾驶人员，驾驶人员统一变道到外侧车道。智能交通平台通过网络向高速公路设备发出指令，之后高速公路设备对中央隔离带进行移动，移动到方案的位置，同时反馈给管理人员并发布信息给减少车道数道路上的车辆；智能交通平台通知加宽车道上的车辆有序开离拥堵车道，高速路拥堵得到缓解。

随着物联网和大数据技术的高速发展，智慧交通时代正在悄然到来。大数据在交通系统中的运用，能为其解决很多问题，同时也有很多挑战，在注重技术开发的同时也应该注重技术的应用和人的体验。智能交通系统已经在国外很多国家的高速公路中到了应用，这会是一个交通系统的大趋势，我国政府部门应该看到其巨大的优势，能够针对我国高速公路交通的特色进行高效的管理、为人民出行提供高效服务，在不远的将来使智能高速公路系统在国内大范围应用。本节介绍了以大数据技术为依托的智能监控、交通能耗监测、智慧高速公路系统，从各种角度分析了大数据的应用。大数据技术应用于交通系统中必将会对现代交通产生巨大影响，同时也能够节省宝贵的人力、物力，解决许多以往难以解决的困难。

第三节 智能交通对经济发展的影响

信息化时代不仅为我们的生产生活提供了便利，在未来广阔的空间里，会逐步改善衣食住行等有关人们生存发展的各个层面。交通运输在社会发展中的作用也越来越重要，智能交通是未来交通发展的必然选择，智能交通的运用不仅为人们提供了便利，更为社会的进步和经济的发展注入了活力，带来了巨大的经济效益。本节将对我国智能交通系统进行分析，剖析一下智能交通对经济发展的作用。

在城镇化过程中，交通拥堵是我国大多数城市面临的一个重大问题。机动车数量的急剧增加、城市交通设施和管理水平的低下是交通拥堵的重要原因。交通拥堵目前是我国各大城市的通病，交通拥堵已经成为制约我国国民经济发展的瓶颈。交通拥堵不仅给出行、生活带来不便，也造成了尾气排放与噪声污染，更为严重的是带来了惨重的经济损失。据统计，我国每年因为交通拥堵问题带来的经济损失高达2500亿元。解决交通拥堵的传统方式是修建道路，但是可供修建道路的空间是有限的，再加上道路修建的速度远低于车辆增长对交通道路的需求，交通拥堵依然十分突出，这是城市管理的难题。智能交通运输系统的规划建设，是解决城市交通拥堵的良策。智能交通运输系统利用交通信息系统、通信网络、定位系统、智能化可视分析系统、预警系统来缓解交通拥堵和减少交通事故，提高交通通行率。智能交通系统作为在城市规划建设中的重要法宝，对道路建设的格局将产生深远的影响。智能交通运输系统不仅可以减少道路用地，提高土地的利用率和利用水平，扩大道路的容量，还可以使城市道路建设的基础设施更加完善，提高城市道路的等级水平。智能交通的建设与建设道路来解决交通拥堵相比，能够大量节约资金，为城市建设和发展的可持续性，预留了更大的空间，为经济的发展注入了活力，将是未来交通领域发展的主要方向。

一、我国智能交通发展的现状

智能交通的发展在我国起步较晚，使得我国面临着巨大的交通压力。尽管近年来我国智能交通发展的速度也在逐步提高，在东部沿海的大城市先进的交通控制，道路监管系统已经投入使用，国家对智能交通系统研发也在加大力度；除此之外，在国内推行的"畅通工程"也初见成效。但是城镇化建设速度和汽车行业的迅猛发展，又加大了交通运输方面的矛盾。大多数的城市交通网络不健全，道路规划设计达不到城市发展的需求，交通问题依然是城镇化过程中的障碍，限制了城市的发展速度和进步效果，交通管理和监管等方面的缺失，远远没有发挥智能交通的作用。我国交通运输不但面临着经济发展的压力还受到自然资源的制约。我国要立足基本国情，走符合中国国情的智能交通发展之路，推动我国智能交通信息化进程和培育自己的智能交通产业。在将来的交通管理中，管理体制的集约化，管理设备的现代化，管理手段的网络化、信息化、智能化，管理效率的高效化，管理方式的智能化。因此，智能交通的发展必将迎来一场交通管理体制的革命。

二、智能交通发展的措施

智能交通发展的目标就是，缓解交通拥堵的矛盾，提高交通通行能力，减少城市中心区域的交通负荷，为社会经济的增长贡献力量。发展智能交通首先要建立完善的道路交通网络，对主干道的交通进行监控，加强对交通的通行管理，采取合理的分流措施缓解主要道路的通行压力。减少道路通行中非机动车辆的干扰，把非机动车通行和机动车通行分开，建立环境优美的非机动车车道，鼓励公众绿色出行。在道路的交叉口配备信号灯，规范行人和车辆的通行，提高交通通行效率。提高公共交通的服务水平，公交出行优先，运用GPS和计算机技术，实施公交线路智能调度系统及信息服务系统。

智能交通运输系统的发展可以促进交通运输经营方式的转变，让交通运输行业由粗放经营型向集约型转变，是经济发展的必然要求。智能交通运输的发展，不仅是交通运输规模的扩大，更是依靠科学技术，以高效率、高质量作为其生存和发展的方向。智能交通的发展能够优化其产业结构，让智能交通具备一体化作业能力，综合利用物流资源，服务质量和效率也可以得到提升。因此，智能交通的发展不仅能够带来交通运输领域内的变革，更是利用高科技、智能管理来降低能耗和各种物资的消耗，创造巨大的经济效益。

三、智能交通的作用

（一）智能交通对城市的影响

智能交通包含道路建设、电子通信、汽车及零配件、交通管理、情报服务等很多的领域，对城市有着非常重要的影响，它是一种新兴产业，不仅是未来多媒体应用可能性的最大业务，同时也能带来巨大的经济效益。智能交通系统不但解决交通的拥堵问题，还带动众多产业的经济发展。智能交通网络作为城市建设的基础投资，改善了城市的投资环境，增强了城市的产业竞争力，还带动了相关智能运输业技术的发展，另外，促进旅游业的发展，给城市带来巨大的经济发展。智能交通运输系统的建设，可以促进旅游业的发展，带来巨大的经济效益。智能交通运输系统可以带动相关智能运输技术的发展。智能交通运输系统的发展不仅为智能交通运输技术带来发展的机遇，还可以为物流业的发展提供条件，智能交通运输系统的建设给经济的发展带来了新的可能。智能交通系统通过对通行车辆的科学分析和有效监管，不仅使原有的城市通行环境大幅改善，还可以增加道路对车辆的服务效果，有利于城市各方面资源的融合，加速城市整体经济的发展，促使了城市资源整合，推动了经济的发展速度。

（二）安全通行、降低环境污染

利用先进的通信传感技术，通过显示和预警装置，可以给驾驶员赢得处理所面临事故的时间，利用自动驾驶技术，在特殊情况下可以将驾驶员驾驶模式转换为自动驾驶模式，避免因为驾驶员疲劳驾驶或者疏忽大意造成的交通事故，从而实现高效安全的行车秩序。智能交通系统可以提高公路的通行速度，减少车辆拥堵，降低行车时间，进而降低车辆通行成本，缩短行车过程中对资源的消耗，改善道路拥堵的情况，减少因为频繁地踏踩油门刹车的能耗损耗，提高车辆能源的利用率，降低碳排放量，减少因为交通运输所带来的空气污染，起到了保护生活环境的作用。

（三）智能交通的经济效益

智能交通带来的经济效益一方面是燃料的节约带来的效益，车辆的高速通行、停车次数的减少和停车时长的降低减少耗能，这是直接的经济效益；另一方面是时间效益，时间效益能够带来更多的经济效益。车辆的高速通行可以把行车时间减少，司机和乘车人的出行时间减少，庞大的出行人数节约的时间综合下来将是一个巨大的数字，带来的经济效益不可估量。智能交通建设过程中的道路改造，在不增加道路投资和减少土地占用的基础上，还可以增加道路的通行能力，为城市的基础建设节约大量的资金。智能交通系统能够为交通参与者提供良好的参与体验，还可以加大现有交通道路的通行率。例如电子不停车收费系统，针对大型商业中心和车辆拥堵地带通过智能收费系统能够迅速完成收费，大大提高了通行速度。设置交通监管仪器，对城市道路交通的通行数据实时上报，掌握交通通行情况，根据分析结果对城市服务方面的工程车辆、公交车辆和服务类的清洁性车辆进行调度，能有效地避免交通拥堵。危险品运输车能够远离高峰拥堵路段，保证城市安全降低事故发生率。好的交通通行情况，可以使国民在生活中的节奏提升起来，用于完成城市内部、外部、城市周边、城市与城市的资源整合和经济活动，从而促进国民经济的健康稳步发展。

（四）智能交通的社会效益

智能交通的发展可以推动科学的进步，智能交通运输业是科技成果应用的重要领域，科技是智能交通发展的助推器。科技的进步促进经济的增长，为社会提供方便、经济、及时的交通需求，科技进步对我国的经济增长起着至关重要的作用。科技进步更是智能交通系统完善和发展的前提条件。交通管理的难度随着时间的推移难易程度不一，在不同的历史时间长河中，随着社会发展的对交通管理的要求也有所不同。对于当今科技社会来说，交通管理需要依靠于科技，也使科技更加进步，智能交通其系统性的管理使其更为方便。计算机系统的应用能因地制宜地对交通管理进行分析，有效控制，不仅提高了交通道路的通行能力，还能根据交通流量控制交通通行情况。

第四节　智能交通中的无线通信

本节结合实际，详细分析了智能交通中的无线通信技术要点。先是阐述无线通信技术概念，其次在分析智能交通系统内容的同时，对无线通信技术在智能交通系统中的应用情况讨论。希望通过分析后，可以给相关领域的研究者提供参考。

一、无线通信技术

无线通信技术在近些年来得到了较好的发展，实现了带动各行各业发展的作用。无线通信技术应用实际上是发送端传送相关的信息内容至所调制的对应的无线电频率上，再经过天线传送到相应的信号道上，然后在空间呈现电磁波传播。信号接收端则通过天线接收空间传播的信号，然后经由相关调制设备将信号调转为原先的信号，继而实现无线信息传送。相比于其他的通信技术，无线通信技术具有非常突出的优点，其更能实现交通智能化。在当前发展的智能化交通系统中有效地融合无线通信技术，及时地将交通管理系统中所储备的相关信息与正在运行的车辆间信息图文的传递，从而促进形成更为全面且完善的管理系统。

二、智能交通系统

智能交通管理系统实际上又可以称为智能运输体系，其在美国最先应用。为了实现我国道路交通的良好发展，将智能交通系统有效地应用起来，其实际使用时都要借助无线通信技术的力量开展。在目前应用的智能交通管理系统中，有效地结合了计算机、传感以及自动控制等相关技术，使得交通智能化水平得到了有效的提升，也实现了交通运输效率以及人们出行质量上的提升。

三、智能交通系统的功能特点

随着科学技术的不断发展，交通出行也变得越来越便捷，尤其是在智能交通系统应用以后，其以知识为基础构造的混合模型，使得交通的多种状态下的运输变得极为智能，同时对于不同条件下的信息处理也极为高效。对于此类系统的运行来说，高层模块应高度关注，运输中涉及的组织和决策以及规划等都与其有关，同时智能条件下的运输和调配也由其具体控制。智能交通系统能够根据当前的客货流状况智能化地调整系统结构，如果现实条件无法满足，其通常会通过跃变的方式予以实施，从而切实地保障整个系统运行的高效和科学。因此类系统在实时特征辨别以及特性记忆方面有着突出的表现，因此运输当中涉及的客货信息以及环境数据等，及随后所进行的运输决策以及参数等的实时优化也就有了充分的保障。

四、无线通信技术在智能交通系统中的应用

（一）GSM 技术的应用

全球移动通信系统又可称为 GSM 技术，具体指的是数字移动通信技术。顺应信息技术的快速发展以及当前信息全球化的趋势，将相关的移动通信设备应用在交通系统中，实现基站与车辆间良好的信息沟通。而当前使用的该系统能够实现语言音频以及信息的两种形式传输，这样能够实现管理体系运用更加高效和便捷。随着网络信息技术的发展，数字移动通信技术能够实现更为安全和保密的网络接入，而信息传输的速率也更加高。GSM系统高效运行的过程中不仅能实现信息传输，还能进行相关信息的交流和反馈。有线数字技术的荷载信息有限，而 GSM 技术能够实现更为高效的数据荷载，能在综合的交通体系中呈现更高的实用性。

（二）车辆无线通信技术的应用

智能交通管理信息系统能够与行驶中的车辆进行移动通信，从而保持与运行车辆间的讯息传递。而传递的相关数据包含以下几种：一是综合中央管理借助播报的方式向每一辆运行车辆传送行驶信息；二是通过车队以及相关运转部门借以命令的方式来向相应的驾驶员以及车辆传送相关信息，实现更好的管理和调度交通；三是有效地掌握驾驶员之间的信息；四是为实现车辆平安运行而综合做好车辆控制体系中的车辆安全信息的把控。

（三）移动通信技术的应用

智能交通管理体系中较多地应用了无线通信第三代及第四代技术。无线通信技术三代在应用时，借助了宏微蜂窝区来开展局域网信息通信，其能够更好地做到城郊间的通信，而宏蜂窝区能够更好地实现城市间的漫游通信。将其放入在智能交通管理体系，能够实现对车辆管理的进一步加强，也能实现交通运输安全上的更好效用。另外无线移动通信三代技术结合了传输效率更高的异步转换技术，依靠卫星传输以及空间网络接收的结合有效达成全球漫游通信，使得能够实现陆地、海上以及天空所设有交通运输部通信的全面纳入。无线通信技术四代具备更高的数据传输性能，其可以将包含图片以及视频的道路状况大数

据的传送，传送速度加快但信息的损坏可能性却更低，并可以更为精准地确定车辆位置，全面掌握实时交通道路状况相关信息，因此能够更好地应用在导航以及优化选择道路上。同时在移动通信技术应用的过程中，由于其具备自生的技术特征能够相关信号进行处理大大地提升了智能交通的操作性。但是在具体的应用过程中，需要按照实际要求，科学地选择技术的应用方式，以保证各项技术指标达到实际要求。

（四）ZigBee 技术的应用

作为双向无线通信技术的 ZigBee 使得电子设备间数据传输具有距离短、耗能低以及传送效率低等特点，在传输数据时若存在一定的间歇性、周期性和反应速率低相关问题时也可以采用该种技术进行操作。智能交通管理体系有效地结合了数字通信和 ZigBee 两种技术，使得无线网络信息平台有效地建立起来，实现将采集信息向监测平台传输，使得能够对公交车到站以及离站时间进行检测，实现自动报站功用，同时监控中央也能准确把控公交车的运营状况。

（五）先进的交通信息服务系统（ATIS）

对于交通信息服务系统来说，要想使其达到先进高效的水平，就应有健全的信息网络基础，这样交通参与者仅仅借助一定的设备即可获取到道路以及车上等各个环境条件下的具体情况，以将这些信息提供给相关的交通信息中心；系统将获取到的信息处理以后即可实时向交通参与者提供各方面所需的交通信息，而出行者也可根据自身出行需求选择适宜的方式和路线。由此不仅极大地提升了人们的出行效率，同时对于保障交通安全以及通畅也有着突出功效。另外，对于行车装备了自动定位以及导航系统的情况，驾驶路线的选择即会更为便捷。

（六）先进的交通管理系统（ATMS）

对于此类系统来说，其中有一部分是与 ATIS 共同应用的信息采集、处理和传输等相关系统，相对来说这样所达到的效果更为科学高效。交通管理部门获取到交通状况以及气象条件等多方面的信息，进而对交通实施有效的实时疏导和协调。在途驾驶员信息系统以及旅行服务信息系统等都是此类系统中的主要部分，进而为其高效的运行提供了强有力的支持。

（七）应急指挥调度系统

此类系统的运行主要是基于地理信息系统平台具体实施，进而对交通以及各类突发情况的处理等都有显著效用，其中最为重要的是数据处理，这点无疑是交通运输以及调度科学推进的重要基础。在出现突发情况时，此系统即能快速地制订计划，并将道路的提示等信息发布在道路旁的 LED 屏幕上，以对城市交通的智能化调度提供基础保障。

（八）数字化执法管理系统

此类系统主要是由现场执法系统和非现场执法系统等共同构成，前者的运行更多是以数字广播网络管理系统为主具体实施，进而通过驾驶员的 IC 卡信息传输，以获取到相关的数据。此类系统对于保障执法公平有着极大的促进作用，同时对于提升执法效率以及质量也有着显著作用，因此可在相关的工作开展中进行相应的推广和应用，从而为其科学高效地推进工作提供基础保障。

对于后者来说，其的运行更多的是以城市当中的违法监控设备为基础。通过对车辆闯红灯以及超速和非法占用车道等行为信息的获取，以对交通管理效率的提升提供基础保障，而信息收集系统也是交管部门实施交通调度的重要信息来源。交管部门获取到相关的信息，即能对交通状况进行实时高效的调度，从而最大限度地保障区域交通的通畅。

五、智能交通系统中无线通信技术应用的功能

（一）对车速和车流量进行监控

伴随着人们对出行的要求越来越高，我国交通工具的数量的增长速度极快，但相对应的道路建设却较为落后，因此会出现较多且严重的拥堵情况，不利于开展有效的交通管理工作。在智能交通管理体系中有效地运用无线通信技术，能够实时且智能化地把控交通运输的相关状况，能够使得交警作业量降低。具体应用是将传感器设置在各个路口以及相关路段上，实现对中心站点的监测控制，借助相关的计算机技术来实现对车辆行驶情况的收集，有助于交警对相关情况做出及时的反应，同时也能保道路交通的畅通。

（二）交通工具导航

当前无线通信技术能够服务全部导航仪器的运行。其具备为车辆行驶给予导航帮助、对车辆所在地进行标志以及对行走最优的道路进行设计，借助无线语言功能为驾驶者进行行驶道路以及相关状况的播报。 因此在行驶过程中，司机并不明确目的地，只要知道目的地的具体名称，就能通过导航软件中应用的通信技术来围绕车辆进行地点和线路的规划。因此，无线通信技术是人们通过地图导航的保障安全出行的有效方式。

（三）公交车监控技术

公共交通即公交车有实时报站的相关功能，即能够将公交车行驶的位置情况以及与离站到站的距离等相关情况进行显示，而且借助无线通信技术同时也能做到监控中心对其进行统一调遣。公交与站台之间设置相应的传感器，传感器技术能够将收集的相关信息应用计算机进行分析，再通过无线通信向终端服务器传输，因此可以向监控中心、司机以及乘客显示公交运行的相关状况。监控中心可以借助所传输的信息来掌握道路交通的流量情况，更好地调度公交车辆。因此，无线通信技术在公交运营过程中发挥着较大的作用。

无线通信技术给予了智能交通管理体系较多的帮助和支持。当前无线通信技术呈现了高速的发展，因此智能交通管理体系的应用服务的质量也随之提升，能够更好地进行车辆以及公交监控调度，还能给予更为准确的导航，为交通出行提供更为安全、便利的服务，有效地提升城市交通管理的质量。

第五节 "互联网+"智能交通发展

"互联网+"智能交通有利于促进交通设施和运营的数据信息资源互通共享,实现运输组织的方式优化和价值创造,进而全面地提升公众交通出行的获得感。为积极应对"互联网+"智能交通的发展新需求,本节梳理了领域发展现状与面临问题,总结了与多个行业和领域的融合发展趋势,阐述了"互联网+"智能交通的体系架构。研究提出,依托北斗卫星导航系统、第五代移动通信(5G)等我国具有国际竞争力的新型关键基础设施,坚持交通出行即服务理念,打造泛在、随动、无缝、可信、智能的出行链;重点突破或加强"北斗+5G"等自主关键技术的创新融合、具有智能精准控制能力的车联网和智能网联汽车、车联网产业生态、政策保障力度等,更好地促进我国"互联网+"智能交通的健康发展。

我国交通发展由单纯追求速度规模转向更加注重质量效益,这是交通现代化发展的新需求。交通格局将由各种交通方式相对独立发展向更加注重多方协同发展转变,由依靠传统要素驱动向更加注重创新驱动转变,构建安全、便捷、高效、绿色、经济、智能的现代化综合交通体系。"互联网+"智能交通是指将互联网、物联网、第五代移动通信(5G)、大数据、云计算、北斗卫星导航系统、人工智能(AI)等信息技术手段进行协同创新,推动互联网前沿技术成果与交通、汽车、导航等领域应用的深度融合。"互联网+"智能交通有利于促进交通设施和运营的数据信息资源互通共享,实现运输组织的方式优化和价值创造。

共享出行、绿色出行、智能出行是未来出行的重要特征,可以满足公众出行的个性化服务需求。交通出行的"获得感",在微观层面即个人出行的安全、便捷、舒适,在宏观层面即大众出行的和谐、畅通、可持续,究其本质在于提升交通出行的服务质量。应以交通出行即服务(iTaaS)理念为导向,提升我国综合交通运输体系的整体运行效率和服务供给质量。推动交通供给侧结构性改革和交通新型基础设施建设,发挥传统运输企业和互联网企业的积极性和创造性,形成以互联网创新为要素的交通运输行业发展新形态。加大政府部门间的协调,通过积极灵活的制度设计,包容、鼓励和培育发展新业态和新模式。

由数据智能驱动产业变革的智能化时代业已来临。过去10年最典型的智能产品是智能手机,未来10年汽车将成为新的移动智能终端。当前,智能联网汽车的发展如火如荼,在经历了从感知到控制、从部件到整车、从单项到集成、从单向到互动之后,汽车正在进入"全面感知+可靠通信+智能驾驶"的新时代。因此,有必要从发展战略层面着眼,就"互联网+"与智能交通的深度融合创新,智能交通产业的电动化、智能化、网联化、共享化,智能交通系统的发展路线等课题开展深入研究,从而为国家推进"互联网+"智能交通的新模式、新技术和新业态发展提供理论支持。本节在分析"互联网+"智能交通需求的基础上,梳理面临的挑战和发展趋势,论证技术体系架构,针对未来发展提出对策建议。

一、"互联网+"智能交通的需求分析

在从当前的辅助驾驶向最终的无人驾驶演变过程中,网联化将沿着单车网联、多车网联、交通体系网联的路径发展,汽车的感知、分析、决策、执行等关键环节技术将快速更新,有望逐步替代驾驶员的分析、判断和决策作用,最终由系统完成高度自动驾驶和完全自动驾驶。智能高精地图作为未来出行的关键性、基础性环节,是交通资源全域实时感知的载体、交通工具全过程运行管控的依据。作为一种全新的地图形式,需要对其关键特征、主攻方向展开分析讨论,以推动智能高精地图的研究与应用进展。

"人车路"互联感知、协同控制是车联网的本质特征,需要研究网联与智能感控的关系,依托自主核心关键基础设施和技术,建立具有国际影响力的智能交通和车联网技术体系总体架构。"两网、两中心和两全感控"是应对上述需求的总体技术思路:"两网"是指驾驶的人况和车况传感网络、路况和环境传感网络;汽车内部的1个计算机平台中心+1个云平台中心组成"两中心";"两全控制"表示道路的全时空感控、车辆运行的全过程管控。

智能交通应用服务的产业生态系统和协同创新机制是建设亟须的。当前,国内的车联网技术还大都处于高等院校实验室、科研院所和整车厂内相对封闭的环境下,技术研发较为分散,技术标准和数据接口难以统一,明显制约了第三方软件服务开发者的参与意向。我国应研究和制定对应的政策规定,加强与国际产业链的有效对接,鼓励打破传统汽车产业链的封闭局面,促进横跨汽车制造、维修、通信、信息服务和公共服务领域的车联网产业链的综合发展,推动"互联网+"智能交通的创新创业新格局。

二、"互联网+"智能交通发展态势

(一)"互联网+"智能交通发展现状

"互联网+"对智能交通的基础性平台支撑作用日益显现,我国"互联网+"智能交通在不少细分领域已经实现了与国外同类产品的同步发展。①在车路协同式智能交通、车辆主被动安全、智能网联汽车、交通出行一站式信息服务等方向,国内都有机构和企业在开展与国际同步的研究应用;②在交通拥堵费收取、共享电动车/汽车/单车、网约车/顺风车、快速公交系统(BRT)、共享交通领域和支付模式等细分领域,已经部分实现了发展引领;③在市一级的路内停车联网收费、国家级的公路网监测与应急服务、电子不停车收费系统(ETC)全国联网收费、全国性的公路客运联网售票、全国性的公交一卡通联网、互联网交通安全综合服务管理平台、汽车电子标识等诸多方面,不少都是国外没有或少见的规模化应用管理和服务案例。

同时我们也要认识到，随着经济发展步入新常态，外部环境更趋复杂严峻，我国一些行业领域自主创新能力不足、"卡脖子"问题突出的现象依然存在。智能交通行业的发展也面临着多方面的挑战。

（1）基础研究不够扎实。整体来看，我国智能交通领域的基础研究偏弱，存在着诸如路网基础设施智能化标准和方案研究少，环境与气象感知能力弱，车联网构架、车路协同（V2X）、车车协同（V2V）标准缺失，5G网络时延并不能满足自动驾驶安全需求，自动驾驶产业链核心竞争力不强等问题。

（2）交通建设水平不均衡。我国运输网络建设水平参差不齐，各个子系统发展水平不协调，互通互操作水平低；路边设施的标准不统一，协同发展弱；交通线网基础设施水平高（高速铁路和高速公路里程世界领先），但对智能化综合枢纽、一站式网络运营平台建设重视程度不够。

（3）交通创新发展的制度法规保障滞后。"互联网＋"智能交通的新型基础设施、新模式、新业态的研究和发展，对交通治理体系和治理能力提出了新的需求。例如，对于自动驾驶地图的监管，亟须相关制度、法规、政策体系能够与时俱进，适应和引领应用发展。

（二）"互联网＋"智能交通的发展趋势

2020年4月，国家发展和改革委员会界定了"新基建"范围，智能交通基础设施作为新兴技术融合创新传统基建的重要领域之一，被归入融合基础设施类别。智能交通基础设施需要对道路、车辆、人、环境等相关位置数据进行全面感知（实现"人车路"全面互联），对每一条道路进行全时空的交通控制，对每一部汽车进行全程的交通控制，才能具备泛在、无缝的出行服务能力。

智能交通基础设施的建设核心在于具有智能精准控制功能的车联网和智能网联汽车，而智能精准控制的车联网就是一个具有精准时空位置服务的信息物理系统（CPS）网络，远程时空位置精准控制是其必备需求。

目前，"互联网＋"智能交通与诸多行业领域的融合趋势趋于明晰，主要体现在以下方面。

（1）技术融合。结合新的经济社会发展需求和技术革新趋势，尤其是在智能时代的背景下，突出新技术，如天地一体化网络、窄带物联网、北斗卫星导航及其增强系统、新一代移动通信、AI、智能制造、新材料、新能源等在智能交通领域中的融合应用。

（2）数据融合。依托"互联网＋"技术构建交通大数据的云平台，将公开采集的出行大数据（如路况、停车、车流量、公共交通等）、公共交通管理部门提供的交通管制、拥堵、警情、事故等数据进行汇聚融合并实现地图自动呈现，为消除拥堵提供科学依据，也为解决自动驾驶所需的高精度地图时效性问题提供"众包更新"的解决方案。

（3）领域融合。以汽车"四化"为重要特征的交通变革正在兴起，未来汽车制造业、汽车服务业、能源网、交通运营服务、移动互联网、信息服务、智能交通等行业领域的融合发展将是大势所趋。

（4）基础设施融合。2019年《交通强国建设纲要》明确提出智能网联汽车研发的发展目标，进而形成自主可控、相对完整的产业链条。以北斗卫星导航、5G为代表的泛在可控的交通信息基础设施将支撑适合国情的智能交通融合创新。

（5）出行服务模式融合。"互联网+"智能交通对于出行大众的"获得感"即为iTaaS，已明确列入《交通强国建设纲要》。交通服务的融合发展将为新业态、新模式的服务创新和升级提供关键基础和核心支撑。

三、"互联网+"智能交通体系架构

"互联网+"智能交通技术体系，其实质是集"云、网、端"等网络支撑技术于一体的生态体系。①"端"，包括各种智能车载控制终端、智能车载安全保障终端、道路健康感知设备、路况车况感知设备、道路气候环境感知设备等，构成"互联网+"智能交通的感知/接入/通信技术体系。②"网"，提供信息传送的通道，涉及以5G为代表的新一代无线通信网络、以北斗卫星导航为代表的室内外一体化、无缝化、高实时、高可靠、高精度位置服务网络、以网联车为代表的智能化车联网。③"云"，包括新一代路网信息基础设施、交通大数据智能分析平台、交通行业信息资源商业化平台，针对公路、铁路、水路、航空等交通资源信息，采用互联网平台一体化的形式综合提供交通共享资源。

从平台结构的视角来看，构建"互联网+"智能交通技术体系，还需要面向产业互联网和消费互联网的"应用层—智能控制层—物理实施层"体系框架。整体而言，加强智能交通信息系统、管理系统、公共交通系统、智能车辆控制系统、紧急救援系统等新型交通基础设施的支撑作用，实施多源协同感知、室内外组合导航定位、多源数据融合、人机交互、智能计算平台、高精度地图等关键技术的标准化和体系化建设。具体而言：①结合"智能+"宏观需求和技术融合趋势，在算力方面注重"端"的边缘计算能力，增设边缘处理平台层，将智能交通工具作为边缘计算层的主要载体，重点突破新一代AI技术引领下的边缘虚拟化/服务化技术；②在新智能系统云服务平台层方面，注重新技术在智能交通领域的协同化智能服务应用，以"交通大脑"的形式来进行管控，为交通运输系统提供智能化的安全保障，重点突破AI引擎、系统仿真和人机交互等关键技术；③在新智能系统云服务应用层方面，突出iTaaS理念，以共享交通新业态服务为重点方面，研究并突破智能交通平台技术，通过科技创新来重塑产业生态。

此外，为适应和引领经济新常态，突破传统模式惯性思维以响应新的生产方式、新的业态模式和新的战略需求，应营造宽松有序的发展环境，加快开展智能交通的技术性探索和应用性示范，促进交通共享出行方式的颠覆性转变。通过提高服务水平来适应多样化的运输需求，通过保障投资力度来服务"稳增长"。

四、对策建议

面向我国城市化进程中面临的交通拥堵和环境污染问题，结合我国经济新常态的发展形势，着力推进"互联网＋"智能交通方面的新型基础设施建设、健康发展和制度保障。在产业上，建成"互联网＋"智能交通的技术标准、安全标准、服务融合标准和应用标准，构建政府、市场、社会共同参与的产业生态圈。在政策方面，尽快建立重点领域的"互联网＋"智能交通政策法规。

（一）加强自主关键技术的创新融合

开展北斗卫星导航、5G、大数据、物联网、超级计算、区块链、AI等新技术与传统交通行业、基础设施的深度融合，瞄准新一代信息技术、智能制造、新材料、新能源等科技前沿，加强前瞻性、颠覆性技术研究以促进交通产业变革。重点加强以下方面的技术研发：交通路网基础设施智能管控、交通工具与设施环境智能协同、交通系统智能协同运管、大型交通枢纽无缝协同与一站式服务、多方式联运及综合运输一体化、区域综合运输服务安全与标准体系、信息安全和隐私保护。瞄准数据资源赋能交通发展目标，加快交通基础设施网、运输服务网、能源网与信息网络的融合发展，构建泛在、智能的新型交通基础设施。

运用北斗卫星导航、5G、AI等新技术，构建智能交通领域的协同化智能服务能力，形成新一代综合交通运输与智能交通技术体系。①利用北斗卫星导航系统的高精度导航增强能力，为移动通信网、互联网赋能，为移动信息在网上瞬时位置定位，明确信息去向和瞬时流速，使得移动互联网具有室内外定位无缝化、一体化功能，由此满足全时域/全空域定位的"新基建"需求。②基于5G网络、北斗卫星导航及其增强系统，建立全天候、全时段、全范围的智能交通基础设施，支持车辆运输全过程中的人、车、道路、环境等全部要素的信息采集、处理、传输和交互，提供道路感知、车道级精准导航和远程控制服务，形成高可靠、高安全、低时延的分层交通控制网络。

（二）构建车联网产业生态

建设"互联网＋"智能交通的总体标准、服务融合体系和产业生态链，以市场化方式培育智能交通方面的科技企业，引导智慧交通相关行业的跨界融合，形成政府、市场、社会共同参与的智慧交通生态圈。

鼓励共享交通与互联网的融合，开展旅客联运信息服务系统建设，引导并规范互联网共享车辆、停车场、充电桩、充气站等新模式发展。鼓励城市公交与移动互联网的融合，完善城市公交智能化应用系统。提升城际交通出行智能化水平，在道路客运信息服务模式方面积极创新，提升居民的交通出行体验。以运载工具的个性化、舒适化、信息化、智能化为目标，以交通云为平台支撑建立智能交通服务体系架构，形成资源节约且环境友好的规划、运行、管理综合运输体系。

在信息化水平较高的城市区域开展共享交通应用示范，有序开放交通应用大数据，鼓励科技企业和金融机构参与建设共享交通网络与运营应用、综合运输系统一体化协同运输服务应用、互联网约租车精准化位置服务应用、物流资源基于互联网的信息互联互通模式应用。

面向汽车保险商业应用与车联网大众消费市场，攻关北斗高精度定位和车载智能位置服务在车辆保险领域的应用瓶颈，推进高精度、低成本、性能稳健的北斗车载行驶记录与辅助驾驶终端的研发与应用；建立新型实用的警保联动服务平台，打造智能网联汽车产业应用生态圈。

（三）推行政策引导和保障

由政府机构牵头，加快研究海量交通大数据的开放和共享办法；通过整编和融合相关数据，打破目前条块分割的数据应用状态，破除信息互联互通共享的制约条件，更好支撑智慧出行。

针对交通拥堵和污染问题，建立奖惩机制，将之作为鼓励共享出行的重要权重因素，促进共享交通成为未来城市交通服务的主体。推动政府、企业、个人的交通信息共享交换，鼓励行业以市场方式组建产业链联盟，形成政府、市场、个人共同参与的共享交通云服务体系。建议对智能交通领域的科技创新持包容态度，有限度地允许试错，由事前禁止调整为事后监管，鼓励（至少是不妨碍）共享交通的创新发展。

及时开展自动驾驶汽车的市场准入和产品准入机制研究，重点提出有关责任和保险问题的新解决方案，关注与自动驾驶汽车相关的隐私和数据保护问题。研究并制定自动驾驶高精度地图生产及数据规范、多源异构交通大数据互联互通标准、智能交通安全保障标准等一系列国家及行业标准。加快推动自动驾驶相关的软硬件技术研发，规划好应用顶层设计，在适应国情的同时具备国际市场竞争力。

第六节 基于智能交通的汽车新技术

一、智能交通加速汽车技术发展

智能交通系统也叫作智能运输系统，是把电脑、通信、自动管控、人工智能等先进技术使用到交通输送、服务管控、汽车制造等方面，让汽车、道路、人得以联系，达成高效、安全、环保的全面运输系统。作用是经过人与车、路的相互配合提升输送效率，从而降低事故发生率，以及能耗和污染的目标。系统由车控制子系统、交通监控、运营车高度管理、旅行信息子系统构成。这些年来我国的交通发展迅速，在北上广等地区建设了先进的交通系统。伴随着技术的进步，智能交通肯定会在交通运输方面有极大发展。

智能交通伴随着技术的进步，系统的优势地位十分明显。一是高科技优势。智能交通中，电脑网络技术以及传讯技术有了强大的支撑作用。首先是电脑网络技术，能够对汽车开展随时追踪来达到最好的运输效果；其次是信息传输方式，传统方式具有很大弊病，伴随着系统信息传播方式的进步渐渐补足了这类弊病，加强了汽车调度中心对汽车信息的有效掌控，提高了运输效率。二是智能化优势。智能化是依靠大数据、人工智能等方式，具有满足人们要求的性质。智能化在所有方面都有大量使用，是改变传统的管控来使设备模仿人的动作，对于汽车进行管控，包括无人驾驶以及智能调度等方面的体现。三是全面合成化优点。全面合成化是随着电脑集成方式的发展来产生的，集成电脑软件、硬件、使用系统软件、数据库等，从而达到整个性能的最好。在智能交通系统就是集成所有子平台系统，产生一个大平台，是全部信息在平台汇聚，达到信息共享。四是运输系统的功能特点。传统交通系统不能统一，信息交换时有可能存在偏差，但只能在交通系统内，入境的交通系统渐渐变成一个有机的系统运作，使所有系统无缝传送和资源共享，从而提升了效率也确保了安全。

运输工具——汽车是交通系统的关键一环，汽车管控子系统是智能交通的重要组成，车辆智能发展是智能交通的核心。伴随着科技的进步，汽车新技术正向着智能化网络化方向进步，是智能网联车，又叫智能汽车。智能汽车是指通过装在汽车前端的各种传感装置精确地检测汽车和障碍物间的距离，发生紧急状况，汽车控制器快速报警并且使汽车自动制动或者躲避，来达到辅助驾驶的作用，其终极目的是代替驾驶人达到无人驾驶。

二、交通智能化助推汽车新技术的主要内容

（一）助推无人驾驶智能汽车的发展

无人驾驶汽车是经过车上感应装置探测道路行驶环境，可以自主计划出行驶线路和控制汽车的一个智能化生产的汽车。无人驾驶车辆听着十分科幻，但是就像谷歌、百度、特斯拉等著名网络和汽车制造公司正在渐渐地将其变成现实。无人驾驶汽车集合自动探测、驾驶、人工智能、数据分析为一体，不但是汽车技术飞速发展的成果，也是比较一个国家整体科技能力的标准。不管在国防上还是在民间领域都有极大的运用。

（二）助推汽车自动驾驶巡航技术发展

人们说的智能汽车，就是在一般汽车的基础上加入了先进的传感装置元件以及数据分析系统，而且经过这类车载传感装置以及信息纵断处置实现人、车、路三方的信息互换，最后让车辆得到环境感知能力，可以自动在路面开展巡航。交通智能化不但需要车辆自主巡航，更为重要的是自主巡航科技一定要符合智能交通的标准。安全性是车辆自主巡航的重点，将自动巡航的安全性做好就需要汽车有先进的防撞系统。比如，雷达探测系统、信息剖析系统、驾驶管控系统和与别的车辆保持间距的感应系统。如今在交通智能化背景之下谷歌与奥迪都在自动巡航技术方面有了更深的研究，而且早已开始实际道路的测试。

（三）助推智能汽车信号灯识别能力的发展

红绿灯的精准识别是交通智能化的重要要求，正确鉴别出红绿灯不但可以推进智能汽车的进步，也可以帮助色盲人群顺利考取驾照。如今许多的红绿灯识别都是从其颜色以及形状鉴别出发，但是这个鉴别方式不可以极大地发挥作用。在交通智能化的进步下奥迪创立了一个在线识别红绿灯的方案。就是将红绿灯直接安装到汽车仪表盘上，使得驾驶人员能够快速预知信号变化状况，并且将计算出汽车在绿灯时间段是不是可以通过。如今这个设计的测试就在美国以及意大利进行，若是能够完成，那将是交通智能化生产的汽车全新技术。

（四）助推智能汽车沟通系统的发展

当前，汽车都存在连接网络的功能，以车载娱乐为关键。比如，在线导航、语音交流等。当然这种简单的功能不符合交通智能化进步的要求。交通智能化要更为多元的内容来达到。比方说使用类似 WLAN 的网络方式，可以在许多汽车间创建链接，达到互通。或者说前方车辆发现路障能够提示别的过往汽车及时避让，减小事故发生概率，不用再局限地使用对讲机或者手机的方式交流，也让此前单独的汽车加入到一个集中的信息网络交流之中。如今这个概念也被大多数制造商认可，交通智能化的沟通平台很快就会问世。

三、智能汽车发展现状与展望

（一）网联式驾驶辅助阶段

网联式驾驶辅助系统就是使用现代信息以及网联通信方式，汽车对周边环境的感应，而且能够对四周汽车的行驶轨迹展开预判，从而达到对驾驶人员的辅助操作系统。其技术特点：一是对周边环境感应技术，在传感装置的基础上，外加信息通信技术；二是能够对四周车辆行驶轨迹开展预判。依照车际网络通信方式能够分成基于通信以及通信两类。这一系统如今正在使用技术开发以及大浪试验场检测步骤。美国已经进行了两期测试，还设立了智能汽车模拟城镇，借此作为智能网络联结汽车专业的检测场馆，而且美国也宣布会强制性装载车和车之间的通信来提升汽车的驾驶安全，据了解相关标准会在 2020 年开始强制运行。在中国，华为与大唐等公司也在大力开发与推广汽车间通信长期演进方式，对比外国的 DSRC 技术，还可以兼容互联网的特点，而且能够有序地过渡到 5G 时代，如今也是我国互联网通信方式的显著特点。

（二）自主式驾驶辅助阶段

自动驾驶辅助系统是指依靠各种车载感应装置对周边环境进行感知并且对驾驶人员开展辅助操作系统，这个系统的特点是用传感系统对环境开展感应。如今阶段在汽车上的使用依照其技术功能有报警系统和管控系统两类。报警系统具有车道偏离警报、前向碰撞警报、盲区警报、驾驶员疲劳驾驶警报、全景环视、胎压监测等系统；控制类包括车道保持系统、自动停车系统、自动制动系统、自主巡航系统等。这样的技术在新车上早已有了极大的运用和推广，而且逐渐增加了新车评断系统。美国新车评价规程加入了 LDW、FCW 和 AEB 系统评价。在国内，LDW、FCW、AEB 等驾驶复制系统也在 2016 年加入了对新车的评断系统。如今在全球，自动驾驶辅助系统大量的产业化早已形成。

（三）人机共驾阶段

人机共驾就是驾驶人员与智能驾驶系统一起运转，人和机器都是管控的实体，二者都对汽车具有控制权限，一起完成汽车驾驶。它包括三个方面，分别是感知方面、决策方面、控制方面。其中感知方面凭借专用的传感装置向驾驶员提供周边车辆行驶条件的有关信息，来增强人的感知能力。决策方面判断驾驶员决策预判、帮助驾驶和对汽车行驶轨迹的引导。控制方面是指人机共同驾驶系统内人和系统一同管理，驾驶员的操作与智能系统的自主操作互相交叉、融合，具有双环交叉的特点。

（四）高度自动 / 无人驾驶阶段

高度自主无人驾驶阶段就是车辆能够在所有道路情况下会自主完成驾驶任务，驾驶员在这个模式中能够不对汽车进行控制。汽车允许没有驾驶人员或乘客是这个阶段的技术特点。无人驾驶如今仍然是在开发与小范围的检测阶段。如今以谷歌为代表的网络科技集团，正在开发跳过人机共驾去直接达到高度的自主无人驾驶的系统；但是许多公司还是依照自动化控制能力，由低到高慢慢推进。

智能化网联汽车的技术发展方向上要抛弃只靠单车先进技术的发展方向，增强智慧交通系统、基本信息化设施、确保公共安全等方面的发展，"创立智慧都市 + 智能交通 + 智能车辆"三合一的社会环境，唯有如此方能实现汽车真正的高度自主无人驾驶，智能汽车技术也会成为推进智能交通、智慧都市发展的新动力。

第二章 物联网技术

第一节 物联网技术概述

物联网技术作为基于现代互联网信息技术发展而来的新兴技术，其不但给社会生产活动带来了新的影响，同时也改变了人们的生产生活方式。本节首先介绍了物联网技术的概念与内涵，其次分享了物联网技术的主要特征，最后则结合物联网技术的应用发展现状，对未来的发展趋势进行了分析与展望，希望可以有效地提升物联网技术在我国现代化建设中的作用，为实现我国社会主义现代化建设作出积极的贡献。

物联网技术又称为信息传感交互技术，该技术能够通过不同类型的信息传感设备与互联网连接来构成新的网络系统，其目标是实现物品的远程控制与连接，同样也可以结合智慧生产生活体系来提升人们的生活质量。作为新一代信息技术的载体，物联网技术的应用也会带领计算机、移动通信与互联网基础研究技术的进步，实现信息产业的又一次革命。为了进一步探讨物联网技术的发展趋势，现就物联网技术的定义与内涵特征分享如下。

一、物联网

物联网技术最早出现于 20 世纪末期，实际上，最早物联网技术的定义很朴素，就是通过射频识别来实现所有物品传感系统与互联网的连接。根据这个定义，信息的交互与通信是物联网技术的基础，同时也是实现后期智能化识别控制的核心。根据物联网技术的定义我们不难发现，物联网能够实现不同类型的信息整合，关键依赖于信息传感设备的有效利用，其中应用较为广泛的类型包括有射频识别装置、全球定位装置、激光扫描装置等等。另外，红外感应等应用比较广泛的技术也被纳入其中。根据物联网技术的发展规划历程进行分析，射频识别技术是其中最为关键的技术指标之一，这是由于该技术不但可以识别到物体的信息，还可以让物体"开口说话"，是智能化的前提。物联网技术的应用构想中对信息的互用性提出了很高的要求，借助于无线数据来实现信息的自动化采集已经成为中央信息系统的构建模板，也是实现物品识别进行网络信息交换共享的关键。

二、物联网的技术特征

物联网技术是基于计算机互联网基础上的技术类型，可以借助于射频识别、无线数据等多种技术来实现不同类型事物之间的衔接。传统的互联网在进行信息传播时需要借助于网络媒介，但是不能够实现不同类型事物之间的衔接，而物联网技术的出现与发展则可以很好地解决这个问题，实现不同类型物品之间的交流。借助于计算机互联网的识别功能，再加上信息的互联与共享，最终达到理想的信息整合与资源利用。在物联网概念提出后，传统的互联网格局被打破，新的应用模式与技术领域也开始向着更高层次的方向演进和发展。一方面是基础设施层面上的利用，包括建筑物、机场等等；而另一方面就是数据层面上的应用，包括个人电脑、宽带等等，多个方面之间的协调就是通过物联网技术来实现的。通过将多个信息资源整合在一起，就可以达到更为理想的设备应用效果。所以，无论是国家建设还是家庭当中各种生活用品、家用电器，都可以通过物联网技术来实现相互的连接，对相关资源进行整合后，人类社会与物理层面上的系统就形成了更高纬度的连接，这也为进一步推广智能化提供了基础条件，对于改善人与自然的关系更是具有一定的作用。

三、物联网技术在我国的应用与发展

物联网技术在我国的应用已经有多年的历史，在实际开展过程中具有许多优势，同时也面临着各种问题，分别就应用现状与发展前景分析如下。

（一）应用现状

从实际应用层面上来看，物联网的开展不是仅仅依靠某个人或者某个公司可以实现的，往往需要全社会的参与与协调。在国家政府的主导下，再加上各种法律法规的支持，才能够实现物联网技术的规模化应用。物联网技术的特征决定了其在应用过程中需要同时考虑到各种属性，包括管理性、参与性，还需要考虑一些基本的属性类型。从技术层面上来看，物联网技术作为综合性较强的技术类别，对于人才的整体需要较高，复合型人才的数量不足成为物联网技术发展的障碍。另外，由于物联网技术的覆盖面较为广泛，所以没有任何一家企业能够在这个层面上进行垄断，而国内的企业在应用物联网技术时也会出现技术隔阂与壁垒，导致局限于行业的内部而无法实现整体的布局规划，一些研究技术传感器、应用软件的应用也会受到不同程度的限制。

（二）发展前景

物联网技术在我国已经具有十年的历史，随着物联网技术的进步，其在国内的应用也得到了充分的关注，国家领导人对物联网技术提出了科学发展的战略部署要求。从客观上来看，我国的物联网技术依然处于初级发展阶段，在这个阶段流通行业对于物联网的应用较为频繁，而其他领域的现代化建设还存在着较大的发展潜力与发展空间。随着时间的推移，物联网技术也会向着无线智能化的方向发展，包括通信技术、传感器端机制造以及基站的构建等都是未来发展的热点。目前，国内许多知名企业都开始在物联网领域跃跃欲试，包括联通、电信以及移动等企业都取得了阶段性的建设成果，通过在这个领域持续发力，可以提升企业的内部运行效率，同时也可以在未来的发展规划中获得一定的发展先机。从世界范围来看，物联网技术的发展向着标准化的方向迈进，我国也与德国、美国、韩国等国家成为国际标准的制定者，通过联合美国相关机构来构建物联网国际化标准，在民航、电网、公路安全等领域都取得了突破性的进展，使得一些产品更是通过物联网实现了出口，取得了良好的经济效益与社会效益。

综上所述，物联网技术在我国现代化建设与发展中具有不可替代的作用，为了充分发挥物联网技术的应用优势，需要做好物联网技术的特征分析与整理，找到其技术的薄弱环节并投入更多的精力进行技术整合、研发升级，以此来实现物联网技术的优势，以更好地提升资源综合利用率，满足现代化发展的客观需求创造良好的条件。

第二节　大数据的物联网技术

进入新时代后，物联网和大数据技术得到了迅速发展和广泛应用，有利于各个生活领域的发展。物联网和大数据技术的出现和发展使人们的工作及其生活更加轻松，并且显著改变了社会生产和发展的方式。本节简要分析了物联网和大数据技术的发展和应用，希望能为相关从业者提供有价值的建议。

当今时代，物联网（Internet of Things，IoT）的发展提供了前所未有的机遇。随着物联网技术的发展，大数据的应用达到了新的高度。物联网是主要的数据源，大数据也是对数据应用和决策支持有价值的辅助手段，对大数据的处理是物联网的发展趋势。

一、大数据与物联网结合的优势

大数据对军事、医疗、社会和其他部门产生了深远的影响。在大数据时代，所有单位和个人都会受到数据的影响。特别是在智能设备的日常使用中，互联网数据的生成终端处于多样化状态。在分析商业部门消费者的消费模式时，大数据已被充分地应用于提供更有针对性的服务。例如，根据互联网上的消费者搜索协议，可以为用户推荐更好的产品和服务。在开发物联网方面，也面临着大数据的机遇，特别是在物联网中使用大数据具有以下优势：①大数据可以帮助开发物联网部门，扩大数据收集的范围和空间，并创建网络交流空间。例如，在传统的农业生产中，农业信息的收集必须手动完成。所获得的信息有限，收集时间长，难以实现农业生产中的物联。利用大数据分析，可以将各种农业生产信息整合到物联网中，并且使用大数据分析、创建农业生产指南，然后创建互联网对象。使用农业生产传感器收集信息，并将物联网和大数据应用于农业生产。②大数据可以推动物联网的智能化发展。在当今的物联网中，物体之间的连接是利用各种红外检测技术实现的，这些技术是互联网的源头和支持，用以采集物联网的数据。随着互联网数据的指数增长，在物联网中使用大数据可以实现传统物联网中难以接触的信息的反馈。例如，城市交通中的传统物联网只能根据路线推断出车辆到达的时间长短。然而通过互联网的数据分析可以得知过载的情况，并科学地确定车辆的到达时间。同时，它也优化了城市管理，减轻了城市交通的压力，使交通更加智能、人们的生活更加舒适。

二、物联网大数据的特点

自 20 世纪 90 年代以来，物联网的概念不断发展，但由于技术的限制，不可能建立生态化和系统化的联系，这在过去 10 年还是难以开发出来。在互联网信息技术的基础上，实现物联网技术的发展和扩展，成功实现技术目标，实现智能信息的传递和要求，使得数据采集需求得到满足。与传统的互联网协议相比，物联网技术具有重要的特征。对于传统模型，互联网的形成基于传输控制协议 / 互联网互联协议（Transmission Control Protocol/Internet Protocol，TCP/IP 协议），但是在物联网网络中，网络信息节点的数据基于机器对机器（Machine to Machine，M2M）协议或 ZigBee 协议传输。数据传输距离不同，数据量不同，但整个传输节点密度较高。在大多数物联网系统架构中，不能通过以太网访问物联网节点，但代理功能通常可以实现网关功能，以满足节点的非 TCP/IP 协议转换要求，再将其传输至远程服务器。远程服务器可以存储物联网的数据并分析其持久性。原因是单个物联网节点信息较少，但密度较高，代理必须在一定程度上保证传输数据的可能性，这样才能提高其可靠性。

三、大数据时代物联网技术的应用

（一）利用物联网打造智慧城市

近年来，中国的城市化进程不断加快，越来越多的人涌入城市，智慧城市正在提出改善人口生活条件的概念。在建设智能城市时，有必要获得有关人口和居民需求的更多信息。因此，有必要建立一个有效的管理平台，加强相关信息的管理，创建城市数据中心，物联网可以有效地实现这一工作目标。利用物联网技术，相关从业者可以为建设智慧城市制定更合理的蓝图，创建以人为本的智能城市。此外，许多行业都参与建设智能城市，物联网技术的应用体现在各个方面。例如，物联网技术在城市交通系统中的应用，充分利用了物联网技术来处理交通信息等。

（二）在煤矿开采中的应用

"安全生产，重于预防"这简短的 8 个字已经在生产的标语中出现了多年。关于企业安全生产的要求，从"口号"到"真正实践"，如何实现更有效的预防和监督，社会本身从未停止过思考和探索。实际上，防止安全生产事故最有效的方法之一是确定安全生产中的事故来源，并加强安全生产中的事故预防措施，排除生产事故。由于采矿洞穴的复杂情况和频繁发生的安全事故，煤炭开采是非常危险的行业，死亡率极高。随着社会的进步和人自身安全观念的提高，依靠社会和企业人力资源组织识别隐患的传统方式显然已不符合安全生产的要求。因此，提高公司的安全水平已成为业务发展的重中之重。物联网和大数据技术的出现解决了上述问题：企业可以通过互联网捕获，可靠地传输和智能地处理生产过程中发现的信息对象和大数据。目前，煤炭开采过程中潜在安全问题的检测率并不高，因为安全检查员在处理安全问题时主要依赖经验、安全风险感知以及调查工作经验。

（三）在电子商务中的应用

大数据技术的应用范围是巨大的。在电子商务中，大数据和物联网等技术也得到了充分应用。为了响应国家的生产安全、企业的快速发展，所有的假冒伪劣产品都将会被识别出来。通过大数据平台的过滤分析，淘宝已经能够识别批量交易中的假冒伪劣产品。阿里巴巴控制平台的信息安全经理倪良曾表示，在电子商务平台中，消费者行为和淘宝卖家自下而上的商店行为使得假冒商品的来源不明、质量较低，如果使整个商业网络存储在数据处理服务器中，则可以得到有效保护。最后，通过技术手段，与销售个人数据所追求的销售方向相反。根据最新消息，阿里巴巴审查了大量数据，相关部委联合支持打击销售假冒商品犯罪。阿里巴巴充分利用庞大的数据、云计算技术，对淘宝平台上所有产品的来源进行监控，并制定最有效的处置方案。

（四）大数据在物联网网络层中的应用

网络层主要包括几个用于收集、传输和接收信息的设备。一旦检索到设备硬件已收集信息，数据就通过无线网络下载到系统中。从捕获层发送到云计算设备和平台进行处理和报告不同的数据。例如，从来自所述温度传感器和湿度数据而获得的数据中，集成发射器将它们发送到云计算平台，用于计算室内温度适配人的体感温度，或通过消费者空调的使用，云计算获得通过定制温度获得的数据，系统给出调整这些设备温度的指令。

（五）物联网在新时期的应用

①智能家居领域。目前，物联网应用正在不断发展，包括智能家居、智能交通和智能医疗等多个方面。在智能家居中，经济、高效地安装网络摄像头、智能开关和门锁，可以将监控数据集中发送给用户，并使用技术智能地进行配置和管理物联网。②粮食安全区。物联网技术在食品工业的应用，主要用于跟踪产品的生产和加工。通过使用条形码和射频识别（Radio Frequency Identification，RFID）标签，可以跟踪和管理食品的加工、运输、储存和分配的整个过程。近年来，物联网技术不断发展，传感器也得到了更新。工作人员可以密切监控与食品加工和运输相关的安全因素，如灰尘颗粒、温度和湿度。③工业智能化也是一项重要的应用。此时，许多公司已经构建了使用物联网技术收集、监控和显示数据的平台。同时，广泛应用数据的使用有利于工业用户的数字化转型。

四、大数据时代物联网技术的发展

（一）优化物联网技术的安全管理

物联网技术在很多领域的应用都很普遍，但物联网技术本身也存在一定的弊端，其中，物联网技术的安全性引起了人们的关注。物联网技术的应用尚未完全成熟，这将导致金融风险，对公司可能会产生严重的负面影响。因此，在物联网技术的未来发展中，有必要关注、解决安全管理问题，寻找有效的方法避免安全风险，并改进物联网技术应用的安全性。

（二）建立统一的物联网技术标准

物联网技术的应用范围非常广泛，可以应用于许多领域，但不同领域的管理方法和生产方法之间存在重大差异。所有领域和部门都需要一个统一的标准用以相互交流。如果所有部门都没有单一的技术标准，物联网技术会增加申请流程的成本。因此，在物联网技术的未来发展中，需要建立统一的技术标准，以确保物联网技术数据和系统的不同编码、不同技术之间的接口及相互之间的互动平台是协调统一的。

物联网的出现从根本上改变了人们的生产和生活方式。大数据的结合与物联网智能化，广泛开发和应用的实现，无疑将提升生产和社会生活的智能化趋势。基于物联网和大数据的概念，本节分析了将大数据集成到物联网中的优势，提出了将大数据集成到物联网中的方法。可以看出，随着大数据技术的发展，物联网也被广泛应用于人们的生活中，在城市管理、医疗保健和生产、产品物流和推广等领域提供技术效益，并且推动整个社会的智慧化发展进程。

第三节　5G 时代物联网技术

5G 技术的应用与发展，极大地改善了生产生活现状，当前要加强对 5G 通信与物联网技术的有效融合。本节首先对 5G 通信技术的优势及物联网技术的相关内容进行探讨，并进一步研究 5G 时代物联网技术的应用。

随着 5G 时代的到来，物联网的发展速度越来越快、应用规模越来越大。5G 技术的出现，极大地满足了物联网核心需求，尤其在海量连接以及 1ms 时延方面，更是有效提高了物联网技术的应用效果。具体应用环节，要对 5G 基础上推行的物联网加强有效的审核，进而确保物联网技术的高速发展。

一、5G 技术优势分析

为了能够给用户提供更高的信息数据传输速率，5G 技术应运而生。现阶段，随着 5G

技术研究工作的不断深入，其优势越来越明显：①传输速率更高，这同时也是5G技术的一个基本特点。从理论上来说，5G网络的最高传输速率能够达到几十Gbps，比如，一部超高画质的电影，能够在1s内就可以下载完成。②5G技术的优势还体现在高兼容、高容量方面。不同种类的设备，都能获得5G网络的支持。因而，只要所用的设备达到了5G技术规范的标准，那么就可以正常使用，比如生活中常见的健身器材及智能家电等等。③5G的接入更加稳定。尤其在进行网络视频以及网页的浏览与观看时，不会再出现卡顿、停滞的问题。④5G网络有着低时延、高可靠的优势。相比3G网络，其时延维持在100ms左右，4G网络的时延主要在20~30ms。但是，5G网络的时延能够有效地控制在1个ms之内，因而相关业务的开展更具可靠性。

相比于计算机技术、互联网技术而言，物联网技术同样是一种新型的信息产业技术，通常情况下该技术也被称作传感网技术。随着5G时代的到来，物联网技术的应用范围将更加广泛，尤其在现代城市公共安全领域、卫生领域以及交通领域的应用，能够显著地改善居民生活质量，提高城市发展的现代化效果。早在"十三五"规划期间，我国就已明确指出，要积极发展5G时代下的物联网技术，并推进相关技术的应用。此外，这一期间也对相应的通用协议、标准间等方面的内容进行了研究。通过物联网技术在各行各业中的应用与发展，能够有效提高资源的互联、互通与共享水平。物联网技术的应用和发展，与技术层面的改革、创新有着密切的关系，随着信息化时代的到来，要积极借助国家层面的政策扶持，加速对物联网技术的研究与应用，特别是在各大高校与领域中，要加强对物联网信息技术等课题的深入研究，将5G技术与物联网技术进行有效的融合。

二、5G网络对物联网技术的影响

一方面，5G技术能够有效地改善传统网络，尤其在传输速率方面，使得信息的传输质量与效率大大提高。另一方面，5G网络的覆盖范围更广。这一过程中，通过应用多天线传输及高频段运输等技术，再加之通信设备的不断完善，使得5G网络的覆盖面积大大提高。此外，随着5G时代的到来，人们的创新思维更加发散，这对提高创新能力与水平有着积极的作用。

三、5G时代物联网技术的应用分析

作为信息技术的一个重要分支，加强对物联网信息技术的研究与应用不仅可以改善居民的生活质量，同时对提高生产水平也有着重要的作用。当前，在物联网技术的推动下，智能家居、智能城市及智能社区等领域的研究已经取得了初步的成果，尤其是智能家居系列产品的应用，改善了居民的生活方式，提高了居民的生活品质。同时，物联网技术在人体芯片领域以及无人驾驶等领域的应用，也取得了良好的效果。但是，技术的发展与应用都有两面性。现阶段，要加强对技术应用缺陷的弥补，改善5G时代物联网技术的应用状况。

（一）5G 时代物联网技术的发展优势

当前，在进行 5G 信息技术的建设与应用时，基站的建设数量越来越多，这就使得物联网及相应设备在周边呈现出天线阵列。这样一来，将使得信息数据的传输更加清晰，并且传输环节所覆盖的区域更广。同时，通过将物联网的信息终端设备与近端 5G 基站设备相接触，能够使远端的 5G 基站感知层的数据传输速率大大提高，这同时也是 5G 背景下物联网技术应用的巨大优势。此外，通过将 5G 信息技术与物联网技术进行融合，能够形成天线阵列，进而提高阵列的容量，同时在上网速度方面也会更快。另外，5G 技术还能促进设备朝着便捷化、小型化方向发展，通过二者的有机融合，可以有效减少网络信息设备的种类与数量，进而为设备的安装与维护工作提供便利。

（二）智慧家庭

智慧家庭的建设和广大的用户之间有着最为直接的联系，对于智慧家庭这一愿景而言，需要将家庭内部的全部物品都与电子标签相关联，以便统一管理。在信息化的智慧家庭管理系统中，每一个家庭成员都能及时地了解所有物品的状况，并且能够提供查找、管控等功能。同时，该系统还能将设备的相关信息与运行状态及时地反馈给家庭成员，以便后期进行处理，该系统还能主动与相关维护单位进行联系，提高了检修工作的智能化效果。尤其在水表、电表及煤气表等仪器信息的自动采集方面，可以有效降低相关人员的工作量。但是，就目前智慧家庭的应用现状而言，真正借助物联网技术得以实现智慧家庭的并不多。居民往往只将汽车、手机等物品通过物联网与相应的智能管理系统相连接，但是对于水表、电表等设备，并没有真正实现信息的并网传递与处理。究其原因，主要是由于此类的信息数据包相对较小，并且对于实时性方面的要求也不高。因而，4G 网络就能很好地满足上述需求。现阶段，在进行物联网技术的应用时，要注重 5G 网络的应用，提高信息传输的速率与可靠性，将 5G 网络与物联网技术结合使用。

（三）智慧社区

社区居民日常生活中，云计算技术及物联网等技术的应用，能够有效提高居住环境的安全性、舒适性效果。一方面，在进行智慧物业管理工作中，通过应用防盗系统以及防火系统进行社区的智慧管理，可以有效提高居住环境的安全性。同时，借助于物联网技术，可以对停车场、公共设施进行智慧管理。另一方面，在开展养老服务与管理工作时，借助于物联网技术及各种类型的传感器设备，可以及时地了解到老人的生活起居状况以及健康状况，进而可以提高社区养老服务质量。

（四）智慧城市

在进行智慧城市的建设环节，通过应用物联网技术，可以大力发展智慧交通、智慧政务等领域，各个城市通过建立相应的综合管理运营平台，进而达到一体化管理的效果。这一过程中，需要借助物联网技术，构建一个完善的城市监控体系，该体系下需要进行大量视频及图像等数据的传输，这就对网络的带宽以及容量、稳定性等方面提出了更高的要求。但是，5G 网络不仅有着传输速率高、容量大的优势，并且在可靠性、时延性方面有着极大的优势，能够很好地满足上述要求。因而，在进行智慧城市的建设过程中，要加强对物联网技术以及 5G 技术的研究与应用，进而为智慧城市的建设提供强大的数据传输支持。此外，在硬件、软件及配套设施方面，也要积极进行研究工作，确保物联网技术下的智慧城市美好愿景成为现实。

对于物联网技术而言，它是现代化信息技术的一个重要分支，随着 5G 时代的到来，物联网技术的应用将更加广泛，并且物联网技术的发展规模也将越来越大。当前，要加强对 5G 时代下物联网技术的研究，尤其在智慧家庭、社区及城市的建设工作中，要加强对该技术的应用，提高居民的生产生活质量。

第四节　物联网技术信息安全

物联网也称传感网，是通过传感网络和信息技术把物体和网络之间相互连接，以此获取相关的信息，主要是进行业务应用的一种网络处理。本节分析研究了物联网面临的信息安全威胁，以及防护策略。

在社会不断发展的背景下，物联网技术得到了有效的应用，其涉及的领域比较广阔，主要是对相应的业务进行处理。物联网能够把物品和网络之间进行有效的连接。通过信息通信交换的形式，展现出智能化的应用设备。在物联网技术运行的过程中，信息安全是值得人们关注的。因此，下文从物联网技术信息安全角度出发，对其进行了详细的探讨，希望能够为物联网技术通信安全运行提供相应借鉴。

一、物联网面临的信息安全威胁

（一）物资的保密安全

在物联网系统中，要合理运用射频识别技术。RFID 标签被合理地整合在物资之中。用户在进行使用和物资运输的过程中，在设备或者持卡人不知情的情况下，信息就会被读取，在这其中涌现出的中间通道，信息可能在中途被截取。在物资的使用者没有察觉的情况下，信息可能被中途截取或者不受控制、定位等。这会对物资的安全产生一定的影响，也会让使用者的人身安全产生影响。这是技术问题，同时也涉及了法律和个人隐私层面。

（二）节点的安全问题

物联网在部署和应用的过程中拥有一定的开放性，其中涉及的感知节点或者是末端设备，经常是处于无人监听、难以防护的地方。这样感知节点就经常会被人们所损坏，引发出的安全问题可能会对传感的信息产生一定的影响，导致信息丢失等。同时，感知和采集信息之间存在一定的不同，末端感知节点设备往往涉及了比较多的内容。这其中涵盖了比较多样的对象，从整体上便不能制定出完善的解决方案。感知节点或者末端设备往往因为自身单一的性能，并不能对保护功能进行有效的完善。所以，这也成了物联网安全系统中的防护难点。

（三）信息安全传输

和传统的网络相比，智能传感设备物联网技术往往是在攻击者的眼下产生的。同时，在传输的过程中经常会运用无线或者卫星设备。这样，也就增加了信息被攻击的可能。所以，在传感网络进行信息传输的时候，经常会受到干扰和侵袭。其中涉及伪造数据就会形成堵塞，并且屏蔽信号，导致末端不能接收信息。于此，也可以出现假冒身份、伪造数据等行为。这都会在很大程度上对物联网信息产生影响。尤其是在当前物理位置信息的精确度变得越来越高的情况下，位置信息也经常受到人们的关注。这样，增加了感知节点的受害次数，使得节点信息不能得到有效的保护。

（四）网络系统的黑客攻击

在网络运行的基础上，必然会受到黑客的侵袭。尤其是那些涉密比较高的内容。通过恶作剧攻击形式来找出网络运行中的漏洞，其中最为危险的是敌对势力的攻击。通过有效的形式导致网络出现问题。另外，代码攻击和拒绝服务等都会对物联网信息技术产生一定的影响。和传统的网络攻击不同，攻击者往往是从系统的漏洞出发，并能够斩获相应的权限。在进行数据篡改和破坏的情况下，导致物联网终端传感节点难以有效地工作。在这个过程中，展现出了一定的隐蔽性和破坏性，难以对信息安全问题进行防范。

二、物联网技术信息安全防护策略

（一）感知层安全层面

物联网系统中涉及了很多的节点，主要有传感器、智能控制设备等。这些设备的合理运用会让物联网正常运转。但是这些设备在接口标准和数据标准上并没有统一的整合。这就为物联网技术信息安全问题的出现带来了机会。比如，物联网监控系统经常受到无线的干扰，在信息采集上就出现安全问题，导致信息传输出现泄露。所以，在面对这样的情况下，就应该从感知采集阶段出发，安装安全认证，通过信息加密处理的形式，保证信息不能被轻易篡改和非授权使用。在其中还应该使用安全路由、密钥管理等安全技术。在对关键技术进行标准化实行的过程中，能够让基础性的设施得到有效的整合。针对运行中的安全问题，提供有效的设施保护。这样，在实时关注设备运行的情况下，才能够保证物联网信息在没有人看守的情况下正常运行。

（二）传输层安全层面

物联网在进行信息传输的过程中，往往需要移动无线网、互联网和专业网络作为载体。

在传输过程中，主要是能够把信息传输到处理层上。通过对传输节点和多项传输节点的共同研究，让信息得到顺利输送。在此，就应该对移动节点、固定的节点以及传输线路进行合理的监控，让网络安全形成虚拟的安全专网。这样，才能够让其运转展现出一定的可靠性和准确性。同时，通过密钥管理和节点加密等技术，创建完整性的数据安全预防机制，在这其中应该对网际间的移动和设施进行合理的管理。

（三）处理层安全

通过完善的认证机制和密钥管理模式，结合密钥的相关计划方案，保证数据拥有一定的机密性和完整性。在对密码技术进行合理运用的同时，能够找出恶意信息。与此同时，还应该对入侵攻击进行检测，防范病毒。在其中能够分析恶意的指令，并对其进行预防和控制。在运用追踪技术和移动设备识别的过程中，能够让数据处理信息变得更加安全。

（四）应用层安全

创建有效的数据库运行机制。针对不同场景的信息要提供完善的保护技术，同时在其中应该针对泄露的信息进行追踪，以此形成完善的安全机制。针对不同环境下的信息，要开展隐私保护模式，保证信息不被泄露。另外，还应该创建身份验证和权限管理等形式。在对访问进行控制的情况下，能够让用户的身份拥有合法性和唯一性。根据身份认证系统的具体权限，能够让真正有需求的用户获得数据分享。在这个过程中，最重要的是要对非法的操作进行禁止访问，让全网用户在进行业务办理的过程中能够保证数据安全，让数据证书和安全网关结合在一起，保证操作业务得到全方位的跟踪，进而使操作行为拥有一定的安全保障。

综上所述，物联网技术在发展的过程中展现出了一定的高度。但是，在信息安全上存在一定的问题。这样，就应该关注信息的保密安全，还应该从节点和信息的安全传输角度出发。想要对其信息安全进行重点防护，就应该从多个层面分析，要关注感知层、传输层及处理层等的安全。在创建安全运行体制的情况下，使物联网技术信息朝着更好的方向发展，并能够真正为用户提供真实有用的数据。这样，不给不法分子可乘之机。在多种举措的实行下，让物联网技术信息得到安全保障。

第五节 物联网技术及应用

随着科学技术的发展和进步，人们的生活发生了很大的改变。物联网技术成为影响人类生活的重要技术之一，它的智能化特点越来越明显。物联网技术在未来还会被应用到各行各业，能够推动经济的发展和进步。本节介绍了物联网技术的内容及物联网技术在实践中的应用，希望可以为相关研究人员提供参考。

"互联网+"时代的到来，让人类的生活出现了很大的改变，人与物之间的联系加强，物联网的价值也开始在各个领域中展现出来。物联网技术应用水平越来越高，推动了经济的发展，为社会提供了诸多的服务。人工智能能够完善物联网技术，使其进一步发展，并保证物联网技术在具体的应用中发挥清晰的价值，产生积极的作用。

一、物联网核心技术

（一）RFID 技术

RFID 技术指的是射频识别技术，也被称为电子标签技术。这种技术通过识别系统中的射频信号来收集信息和数据，可以节省人力依靠计算机完成。目前 RFID 技术在实践中的应用范围非常广泛，它主要包括阅读器和应答器两个部门，有利于检测并控制目标物体。RFID 的原理较为特殊，需要明确目标物体的标签，这样才能确保接收到射频信号。针对管理与控制功能来讲，RFID 技术还与期待存在差距，无法适用更复杂的业务。

（二）纳米技术

纳米技术同样属于物联网技术的范围，纳米技术的研究对象是结构尺寸在 1~100 纳米范围内的材料，以及这一材料的应用。物联网中的纳米技术的作用是令物体更轻，即缩减传感器等设施设备的体积和大小，使其占据的空间更小，更加轻盈。物联网中的纳米材料还能够令物体更高，这主要是指纳米材料本身具有更高的光电磁热的特点。物联网中的纳米材料还拥有良好的强度和韧性，所以它的力学性能也非常的优越。

（三）ZigBee 网络技术

ZigBee 网络技术具有功耗低、成本低、不复杂等优点，它是一种双向无线通信技术。这种网络技术在短距离或者功耗较低的电子设备中应用较为广泛，能够满足数据传输的需要，而且信息数据的传输效率较高。分析移动通信网会发现，它的建立目的是为语音通信提供通道，利用 ZigBee 网络技术能够控制成本，对于所收集的数据也具有积极作用。

（四）传感器和智能嵌入技术

传感器和智能嵌入技术属于物联网技术的重要内容，传感器感知的是外界的信号，包括声电光热力，物联网工作所需要的信息和数据都是由传感器获得的。智能嵌入技术其实属于计算机的一个重要部件，它的信息处理效率较高，而且智能嵌入式的软件代码往往比较小，所以应用时会更加方便。它所具有的高度自动化水平以及快速的响应能力使其在实践中的应用范围越来越广泛。

（五）认知计算和智能控制技术

认知计算和智能控制技术能够为物联网技术的发展提供更多的可能性，认知计算与脑科学相关，它模仿了人脑的行为感觉以及意识，从而达到控制的效果。研究认知计算的模式会发现，它其实需要的空间不大，功耗也比较低，所以它属于现在人工智能技术的研究重点。物联网技术未来的发展和进步需要建立在这两种技术之上，达到科学控制目标物体，为物联网的发生创造更多的可能性。

二、物联网技术的应用

（一）智能交通建设

物联网技术可以应用到智能交通建设当中，具体来讲包括传感器技术、信息发布技术、通信技术、网络技术以及数据处理和自动控制技术。这些技术对于智能交通建设的作用都非常明显，能够促使交通运输管理系统的形成，使管理和控制变得更加准确、高效，同时还能够达到实时的效果。例如，可以在实践中用传感器或者 RFID 嵌入式芯片获得路况信息，当然道路监视器也属于物联网技术之一。在应用的时候需要注意区分具体的情况，针对性利用物联网技术，从而实现信息高效且实时搜集的目标，为保证交通安全创造更好的条件，促进智能交通系统的形成。

（二）RFID 产业的建设

从当前我国物联网技术的发展以及应用情况可以看到，RFID 技术的应用范围相当广泛，在生活中随处可见。最为常见的便是电子票证。比如现在已经非常流行的手机支付也属于 RFID 的范围。再如电子门票以及车证垃圾处理等领域，RFID 技术展现的强实用性也非常明显。在未来应用物联网技术改变人类生活方式，促进经济的发展和进步，推动社会的完善和发展，需要建立起科学产业建设理念。就 RFID 技术来讲，在未来使其在高速公路收费、食品安全溯源以及集装箱管理等领域中发挥作用形成 RFID 产业非常重要。我国当前的企业应用 RFID 技术的能力已经大有提高，具有建设整体产业的能力。

（三）电力物资管理

物联网技术改变了人类的生活方式，而电力物资管理的方式也因为物联网技术的出现发生了变化。无论是采购还是使用和生产均能利用电网设备获得相关的信息和数据，从而实现智能化管理的目标。电网企业应用物联网技术提高工作的效率，而且整体管理水平也大大提升，优化了资源的配置。电网企业能够利用物联网技术进行信息上的交流，从而达到高效合理管理先进技术的目标。实践中电力物资管理可以利用物联网设计开发仓库基本信息查询功能，这样一来便可以实时获得仓库地理位置，为用户提供更加优质的服务。

（四）食品安全控制

食品安全作为人们最关心的事情，在食品安全控制上积极应用物联网技术能够满足人们这一需求。食品安全控制利用的是物联网技术具有联动跟踪和实时监控的功能，借由这两种功能可以预防食品安全事故的发生，从而提高食品安全管理水平。

（五）智能家庭

随着现代科学技术的发展和进步，人工智能技术得到了完善，智能家庭不再是一种愿望，而是成了一种现实。物联网技术在这当中扮演着重要的角色，物联网可以与外部服务相连接，从而促进服务与设备的互动。通过互联网技术令家庭电器的操作不用在家里就可以实现，让智能化管理和操控变成了现实，节省了时间成本。

第六节 物联网的智能交通实训系统设计

随着我国经济的快速发展，汽车保有量也迅速增加，人们的出行范围在不断扩大。智能交通将先进的传感、通信和数据处理等物联网技术应用于交通运输领域，构建一个安全、畅通和环保的交通运输系统，是解决未来交通运输问题的有效方案。

近年来中国的汽车数量呈现爆炸式增长趋势，汽车的使用虽便利了人们的生活，但车与路的矛盾越发突出，主要表现为交通拥堵、事故多发导致环境污染等。为解决该问题，政府出台了多项措施如限号出行、提倡乘坐公共交通工具等，但都不能从源头解决交通问题。2008 年北京奥运会，北京的智能交通取得了突破性进展，为保障奥运会期间道路畅通，北京引进大量高新技术加强交通疏导、管理。物联网在电子传感技术、通信技术、网络技术等方面具有成熟的技术优势，与智能交通系统的结合为现代交通运输行业提供了发展的新思路。

一、物联网

物联网（Internet of Things，IoT）是新一代信息技术领域的重要组成部分，顾名思义，物联网是物物相连的互联网。物联网有两层含义：物联网的核心和基础仍是互联网，是在互联网基础上延伸和扩展的网络；物联网是指通过各种信息传感设备，如射频识别（RFID）技术、传感器、红外感应器、全球定位系统、激光扫描器等各种装置与技术，实时采集任何需要监控、连接、互动的物体或过程信息，与互联网结合形成一个巨大的网络。可利用无所不在的网络技术实现物与物、物与人、物品与网络的连接，方便识别、管理和控制。

二、智能交通系统

智能交通系统（Intelligent Transportation System，ITS）是将物联网中的计算机技术、电子传感技术、通信技术、数据处理传输技术有效集成，对城市道路进行全方位、大范围的实时监管，形成信息化、智能化、社会化的新型运输系统。

智能交通系统借助物联网技术，通过在各汽车上安装传感设备来感知当前的道路信息，通过芯片识别车辆身份并进行信息发送和接收，回传数据，在交通管理信息中心的系统中进行汇总，由信息中心统一协调，指挥疏导交通。智能交通系统可以使交通基础设施发挥最大效能，缓解交通拥挤，实时、准确、高效地监控交通状况，在城市交通管理方面具有重要作用。目前正在使用的智能交通技术包括无线视频监控、公交站台智能报站、电子车票、公交手机卡等业务。

三、智能交通实训系统设计

智能交通中的物联网技术具有典型的物联网三层架构，由感知层、网络层和应用层组成，其中感知层主要实现交通流信息的采集、车辆识别和定位等功能；网络层主要实现交通信息的传输；应用层主要包含各类应用，既包括局部区域的独立应用（交通信号控制服务和车辆智能控制服务等），也包括大范围的应用（交通诱导服务、出行者信息服务和不停车收费等）。智能交通实训室覆盖物联网三个层面的技术要求，包括传感器技术、RFID技术、微处理器技术、Wi-Fi 通信技术等。

基于物联网的智能交通系统主要包括智能小车、道路交通管理（交通路口控制）、ETC 系统、智能停车系统、智能公交站系统等。

（一）智能小车驾驶

智能小车是整个智能交通系统中的重要组成部分，小车按照指定的规则运行，完成各种智能交通系统的应用和功能。智能小车采用双层 PCB 板 +X 设计模式。底层 PCB 板主要包括超声波模块、红外模块、电机控制模块、RFID 读卡模块等。上层 PCB 板主要包括主 MCU、按键控制、Wi-Fi 设备服务器、显示屏等。X 为小车预留的扩展接口，可以搭载无线充电模块、副 MCU 等扩展板，为小车的功能扩展提供了无限可能。

（二）道路交通管理

交通沙盘配备多条主干道，能同时容纳多辆车通行，加入上位机调控后还能实现车辆在路口自动避让、驶入驶出停车场、寻找充电桩等功能。道路交通管理系统包括交通路口控制、车辆速度测量等单元，实现多车的十字路口控制、道路监控、车速测量等功能；并通过 OLED 显示屏显示模拟系统电子地图，并将道路交通信息、环境感知数据、车辆位置信息实时显示在显示屏上。实现道路交通状况的显示与网络发布、特定车辆的位置跟踪和交通引导，并支持智能终端的本地／远程网络访问和信息发布。

（三)ETC 系统

ETC 系统可模拟高速公路不停车收费系统，包括超高频装置、车辆检测装置、自动道闸控制装置、车道拍摄装置、信息显示装置等。车辆检测传感器采用红外对射传感器。ETC 系统实现了对车辆电子车牌的识别及入口收费站信息、行驶里程、扣费等信息的处理。

（四）智能停车系统

智能停车系统模拟区域停车信息系统及停车场管理系统。主要硬件设备包括 HMI 显示屏（显示停车场剩余车位、每个停车位停车时间、扣费状况）、停车场信息显示器、车载 RFID 读卡器、车位传感器、停车场收费信息显示器等。区域停车信息系统包括区域停车场信息实时发布、停车场位置导航等。停车场管理系统包括停车场车位信息显示、停车导引、视频监控、车位传感器、停车场收费系统等。

（五）公交车站系统

公交车站系统模拟显示公交车的到站提醒。上位机对两辆车进行实时定位，然后通过Wi-Fi模块发送指令给台面上的公交站台，公交站台对指令解析后显示对应的车辆到站信息。乘客在等车时，只需看公交站台智能报站显示屏就可得知距离该车站的车辆和车次、汽车车牌等详细信息，可准确显示等车时间。

智能交通实训系统可以验证物联网的基础理论与实验教学，还可用于综合布线和编写二次开发代码，将各相关专业知识交叉引用，让学生体会实际产品开发的过程，积累开发经验。基于物联网的智能交通网络从根本上解决了当前各国的交通运输问题，可有效缓解道路拥堵，有助于道路环境保护，确保道路车辆和行人安全，及时、妥善地处理突发事件，降低二次事故发生的可能性，提高了交通运输系统的效率，实现了人与环境的和谐发展。

第三章 智能交通与物联网技术的融合

第一节 物联网与智能交通系统

在简述物联网技术作用和重要性的基础上，通过分析基于物联网技术的智能交通系统配置构成，探析其中的关键技术，总结基于物联网技术的智能交通系统的应用表现。实践表明，基于物联网技术的智能交通系统可有效减少交通事故的发生，并能快速确认事态情况，能为决策者启动应急预案提供参考依据，有利于交通行业的发展。

随着科技的快速发展和时代的进步，道路交通管理逐渐从传统的静态管理模式向以动态为主、动静结合的方向发展，基于物联网技术的智能交通系统应运而生。高速公路设施设备都相对复杂，车辆进入高速公路后就进入了一个相对隔离的环境，从而加大了运营管理的难度。智能交通物联网的建设、应用不仅打破了这个局面，使车辆、高速公路、外部环境有了联系，而且三者之间可以实时互动，由原来的单一个体变成了相互关联的整体。基于物联网技术的智能交通系统要求通过高速公路监控中心计算机系统、高速公路现场主控 PLC 控制及高速公路本地控制器三级控制系统，实现高速公路区段的多级控制功能，确保系统的可靠性和稳定性。

一、基于物联网技术的智能交通系统配置

基于物联网技术的智能交通系统主要包含中央控制系统、工业总线系统、闭路电视系统、火灾检测报警系统、交通控制系统、高速公路标志系统、紧急电话及有线广播系统、无线通信系统、供配电系统、收费系统等。

（一）中央控制系统

中央控制系统主要由服务器、高速公路监控软件和系统集成软件、闭路电视监视系统设备、大屏幕投影显示系统设备、工业交换机、光端机、高速公路有线广播系统和紧急电话系统的主机、无线通信主机和近端直放站、配电系统等组成。

（二）工业总线系统

工业总线系统主要由 PLC 控制器、多串口网络适配器、工业以太网模块、现场总线配套机柜等组成。

（三）闭路电视系统

闭路电视系统主要由摄像机、视频光端机、监视器、视频交通事件事故分析仪等组成。

（四）火灾检测报警系统

火灾检测报警系统主要由火灾报警控制器、光纤光栅探测系统、智能光电式感烟感温探测器、警铃等组成。

（五）环境信息采集系统

环境信息采集系统包括一氧化碳、能见度检测仪及配套机箱；风向风速检测仪及配套机箱；高速公路洞内、洞外照度仪及配套机箱、安装基础、立柱；配套控制电缆、电力电缆。

（六）交通控制系统

交通控制系统包含车道指示器、可变信息标志、交通信号灯、车辆检测器和交通控制系统配套电缆。

（七）高速公路标志系统

高速公路标志系统包含路标指示标志、紧急电话指示标志等。

（八）紧急电话及有线广播系统

紧急电话及有线广播系统包括高速公路内、外紧急电话和配套机箱；高速公路洞内广播功放和配套机箱；高速公路洞内广播喇叭及洞外广播喇叭；配套控制电缆、电力电缆。

（九）有线通信系统

有线通信系统包括调度数字程控交换机系统、综合配线架等；管理大楼内部的通信系统等；配套通信电源系统；高速公路变电所和风机水泵房的直通电话；通信线缆等。

（十）无线通信系统

无线通信系统包括 POI 多业务接入平台设备；室内全向天线、高增益定向天线、射频连接电缆及漏泄同轴电缆；常规选频直放站和光纤直放站；调度基地台和多频调频广播主机。

（十一）供配电系统

供配电系统包括高速公路内 UPS 电源、所有监控、检测设备的供电电缆、信号电缆和光缆等。

（十二）收费系统

收费系统包括设置在管理大楼内的收费站计算机系统、收费车道设备、闭路电视监视系统、内部对讲和安全报警系统、IC 卡读写设备、车牌识别系统、收费亭、收费附属设施（传输介质、配电系统、防雷、配电箱、配电屏、机柜等）。

二、智能交通系统中物联网应用的关键技术

智能交通系统中物联网利用各种传感技术及网络，通过各接入网与互联网进行连接，形成一个巨大的网络，实现交通的智能化管理。

（一）传感器探测技术

传感器是物联网对自身运行环境及外部运行环境进行感知的关键部分，传感器技术也为信息的传输、分析及反馈提供了支撑。无线传感器网络是由各种微型的传感器节点在监测区内进行有效布置组成的，通过无线通信连接成一个有序的组织网络。当前，智能交通系统中物联网传感器技术的主要研发方向如下：先进测试技术和网络化测控；智能化的传感器网络节点；传感器网络组织结构与底层协议；传感器网络的自身检测和控制；传感器网络安全问题。

（二）云计算技术

基于物联网的智能交通系统中的云计算服务通常是利用外部网络资源，整合计算实体，所有参与共享的软硬件相关资源及信息资料都可按要求和需要提供给别的计算机设备。

（三）射频识别技术

射频识别技术，又叫电子标签，是智能交通系统中物联网能顺利运行的核心技术，其使用射频信号并通过交变磁场进行信息传递，同时利用所传递的信息来识别物体。其由标签、阅读器、天线构成，标签放在物体之上，起分辨物体的作用；阅读器用来读取或输入标签上所包含的信息；天线介于标签与阅读器之间，起传递信号的作用。

（四）网络通信技术

网络通信技术是物联网关键技术中不可替代的重要部分。在网络通信技术中，包括有线技术、无线技术、网关技术等。

（五）嵌入式系统技术

嵌入式系统技术是集计算机软硬件、传感器技术、集成电路技术、电子应用技术为一体的复杂技术，主要用于处理接收到的信息并进行分类。该技术现有的应用领域包括智能机器人、虚拟现实、工业过程建模与智能控制、机器学习等。

三、基于物联网技术的智能交通系统的应用特征

基于物联网技术的智能交通系统在高速公路中应用后，对高速公路运营起到了重要的推进作用，具体表现在以下方面：

（一）及时准确地获取高速公路交通信息并进行预测，增加主动管理力度

智能交通系统中高速公路监控系统是以监控系统管控平台为核心，支撑各子系统采集

的交通、环境、突发事件信息，并对这些信息进行分析，判断当前高速公路运行状况。高速公路运营管理部门可通过监控系统对正常、异常交通事件进行事前判断，及时做出事件处理策略，有效控制事态发展。通过及时采取措施、及时调配各种资源，变被动管理为主动管理，增加主动管理力度，能有效实现事前预防并减少事故的发生。

（二）前端数据有效分析，持续完善运维管理

若高速公路中有突发事件，监控、通信系统会通过前端现场设备对整个事件过程中采集的信息数据进行分析，并提供给高速公路运营管理部门进行事后分析，追查事故责任，排除隐患；还可以协助工程部门进行事后维护工作，为后期的高速公路服务重构、防止产生二次事故提供支持。基于物联网技术的智能交通系统具备自学能力，可不断总结、丰富自身的预案体系，满足高速公路运维管理持续改进、完善的需要。

（三）快速直观地获取信息，及时处理安全问题

当交通事故、突发事件等情况发生时，需要高速公路运营管理部门及外部救援力量联合行动、快速响应。监控、通信系统应快速直观地通过前端设备将视频图像、事件状态、当前交通状态等信息输入监控中心，以帮助快速确认事态情况并提供启用预案的决策依据。

（四）实施云存储，打造全新的智能交通网

通过物联网 RFID 射频技术建立不停车收费系统，可提高收费效率和通行能力，通过车牌识别云存储联动，可在全国范围内追踪定位违法的车辆、打击逃费。另外，可将所有线圈、收费站 RFID 传感器都视作信息节点，通过云存储，应用传感信息建立交通信息发布及服务系统，能为出行者提供准确的出行信息，以便出行者确定最佳的出行时间、交通路径及交通方式。

物联网技术通过各种传感技术及网络，实现了物与物之间的交互、人与物之间的沟通与智能管理。基于物联网技术的智能交通系统的应用可有效降低交通事故的发生概率，即便事故发生也能快速确认事态情况，为决策者启动应急预案提供参考依据，有利于公路交通的可持续发展。

第二节　物联网技术与智能交通控制

作为物物相连的互联网，物联网通过信息传感设备，把互联网与任何物品相连接，为构建智能交通信号控制与采集的体系提供了可能。本论文从基于物联网的智能交通系统整体框架入手，着重分析其在交通控制和信号采集两个子系统中的运用，指出物联网技术将全面提升交通管理水平。

从字面简单理解，物联网就是"物物相连的互联网"，其英文名称是"The Internet of Things"。我们可以这样理解：互联网仍然是物联网的基础和核心，物联网在一定程度

上，其实是互联网的一种特殊形式，或者说是在其基础上，又进行了不断扩展和持续延伸的网络；进一步扩展和延伸了客户端，也就是可以理解为只要是两个以上的物品之间，甚至更多的物品互相能够进行即时通信，或者是自由进行信息交换。伴随着激光扫描器、全球定位系统、红外感应器和射频识别（RFID）等技术的快速发展，按照事前制定的协议，物联网通过一定的传感设备，把互联网与不同的物品相互连接，不断进行它们之间的信息交换，从而可以智能化识别物品，多方位进行管理、监测、定位和跟踪的一种网络。FORRESTER 是美国的权威咨询机构，根据他们的预测分析，预计 2020 年，世界上跟人与人通信的业务相比，物物互联的业务将达到 30 ∶ 1，因此，"物联网"被称为是下一个万亿级的产业。

一、基于物联网的智能交通框架设计

目前常见的交通系统收集数据的方式落后，采集信息的手段单一，对车辆动态诱导和道路拥堵疏通的多种手段还不能达到更高要求，实时有效处置突发事件，应急能力整体上处于较差水平。智能交通系统是基于物联网的框架来进行设计的，采用无线通信系统的浮动车检测技术和搭载车载定位装置，结合线圈、地磁检测、视频和微波等采集交通信息的固定式多种手段，可以实时收集整个城市内的交通和车辆信息，通过超级计算中心，对最优的车行路线和交通指挥方案进行动态计算。

二、智能交通的子系统设计

（一）交通控制系统

交通信号控制系统的体系架构具体包括以下几个层次：系统的逻辑结构为三级，从下而上分别是路口级、区域级、中心级。信号控制中心设备主要包括客户端、通信服务器、数据库服务器、中央控制服务器和区域控制服务器等。一些通信网络和光端机构成通信的主要部分；检测、机器信号等则构成主要的路口部分设备。具体的功能划分进一步描述如下：

控制中心级：这一类主要用在城市和全区域范围内，顺利完成交通控制，积极增强管理功能，主要包括设定主要的参数、控制合理的服务、全面监测整体区域，等等。

控制区域级：主要完成对交通的区域信息采集，包括对信号处理机的预测优化，然后分发到控制路口去执行具体的方案。对本区域路口进行完善优化，同时区域控制服务器还负责信号机控制和监测信号。

控制路口级：采集和上传完整的数据信息，快速履行控制中心的相应方案。同时积极根据实际交通路口的需求，科学智能调整绿灯时间，以便有效达到全局优化，使信号的时序达到最大的临界区间，路口情况最大化满足较高的适应能力，从而可以有效保证畅通程度达到最佳。

（二）信号采集系统

采集车辆信息的主要方式比较多，但在目前运用广泛的只有两种：一种是固定式采集，通过超声波检测仪器、安装地磁检查仪器、微波检测仪器、环形线圈、视频检测仪器、电子标签阅读器等专业的检测设备，多方位、多角度开展检测，有效采集道路断面的机动车各种信息。因此，为了实现全天候、实时有效采集大量的交通信息，必须使用多种综合技术，并实施多传感器的信息采集，对多源信息在后台运行，进行结构化描述、数据融合等预处理工作，从而为进一步的分析提供标准化格式的数据。

三、面对的安全问题

红外感应器和射频识别，英文简称为 RFID，是物联网目前的主要传感技术，这个芯片可以嵌入任何产品，是可以被任何人有效感知到的，对于相关产品的拥有者来说，有了这样的一个系统，就意味着可以轻松驾驭和方便管理。这就需要在安全技术环节狠下功夫，整合出一套强大并且有力的安全系统。可是在现在智能交通的研究阶段，哪些安全问题有可能会出现，这些安全问题如何进行有效解答，如何进行信息屏蔽等，这些问题其实都非常复杂，甚至远远不够清晰，因为在不断发展中可能会出现更多的新情况。但是并不意味着这些问题就可以不去解决，尤其是对于管理平台的这些供应商而言。如果解决安全技术问题不太理想，那么物联网或许将成为提供信息的一个方便平台，但不过是来供竞争对手使用的，那么它的价值必然就会遭遇到非常大的质疑，当然再也不会有企业敢于并且愿意进一步去使用。

根据自身的特点属性，除了面对移动通信网络超越了传统的网络安全问题之外，"物体与物体之间的互联网"在安全方面必然还有着一些特殊的要求，并且完全不可能等同于已有移动网络的安全。这是因为物联网的构成元素都是大量的机器和设备，自然缺乏有效的监测装置，并且设备的集群往往异常庞大。正是这些相关设备的属性造成了物联网在安全问题上的特殊要求。这些问题主要有以下几个方面：

感知节点和物联网机器的本地安全问题。由于"物体与物体之间的互联网"在一定意义上可以取代人类，经常完成一些相对机械、极度危险和十分复杂的工作，所以感知节点和物联网机器在多数情况下，肯定是不需要人去监控的，那么在"缺乏人类"的场景部署中，黑客攻击者接触这些设备非常容易，从而轻松地对它们进行控制，造成极大的损害，甚至破坏本地计算机的硬件和软件。

感知网络信息传输和安全问题。在通常情况下，一般设计对传感节点功能设计将比较简单，并且其自身能量通常使用电池，这样就不可能拥有相对复杂的安全保护能力。从水文监测到温度的测量，从自动控制到道路的导航，物联网在数据传输和消息方面并不具有同样的标准，所以特定的安全保护体系只能是"不幸的家庭各有各的不幸"。

网络信息传输的核心安全问题。核心网络的安全保护通常是相对完善、严密的，但是由于物联网存在海量的节点，如果有人故意造成大宗机器同时发送信息，将可能造成网络闭塞不堪，严重的甚至可能造成整个网络的崩溃，从而使整个网络处于被攻击状态，所有的服务都遭受拒绝，其所造成的损失非常大。智能交通的通信网络从安全结构的宏观层面来看，都是仿照人类传播的方式而进行事先设计的，当然在一定程度上，并不一定就完全适用于机器语言。在逻辑上，会对现有的安全机制带来巨大的影响，将会造成整个网络机器和机器之间的联系被强制分割和断裂，这是网络设计者在以后所不得不慎重考虑的一个重要问题。

经过上文的分析，在智能交通控制领域大量应用物联网的各种技术，将加强智能交通控制标准，并提升相应的信息服务，从而带来现场的物理实体控制情报分析和交通管理的巨大变化。从基于物联网的智能交通系统整体框架来看，在交通控制和信号采集两个子系统中，尽管存在网络信息传输的核心安全、感知网络信息传输、感知节点和物联网机器的本地安全等问题，但是我们可以欣喜地看到，物联网将为构建智能化的交通管理系统带来革命性的变革，对于人类社会发展而言，也能够使绿色 GDP 概念进一步被广泛接受，环境污染将得到更好的治理，这场变革所带来的巨大的经济效益和社会效益值得我们进一步关注。

第三节 物联网与智能交通信号灯

随着人们生活水平的不断提升，汽车成为家家户户的必备物。目前，城市交通拥挤的问题十分严重，通过信号灯控制系统来解决该问题，是目前人们在交通治理方面的主要手段。传统的交通信号不合理，将物联网技术应用到交通信号系统，能有效监控车流量的变化，适应交通变化的周期。本节就分布式交通信号灯控制系统进行分析，以供相关人士参考和交流。

一、分布式系统硬件设计

（一）控制器

分布式智能交通信号灯控制系统中的主要控制器是以单机片作为核心部分，控制下面的复位电路、LED 显示、键盘控制、信号同步发送等模块，并且其分控制器与上位机具有与单片机的通信连接口，促进模块之间的连接。串口通信是控制系统软件模块与单片机的连接方式，其内部对模块具有调制的作用，对远距离的通信来说最为合适，满足了分布式智能交通信号灯控制系统的软件与硬件之间的连接。分布式系统下的分控制器与主控制器的连接采用 485 通信，分控制器向主控制器传递数据只能单向传递，并且分控制器之间也是采用 485 通信连接的。在控制系统内，数据传递是由一个分控制器向主控制器传递的，并且每个分控制器的数据信息都是对应的。分控制器采用 485 通信，与主控制器连接，分控制器到主控制器的数据，具有单向传递的特征。分控制器与分控制器之间，也是利用 485 通信连接的，相邻的分控制器之间是通过单片机上的通信接口连接，其中，单片机还负责与其他模块的连接。

（二）外围电路

复位电路、晶振电路、电源电路、专用配件接口电路这四部分电路构成整个分布式控制系统的外围电路。外围电路设置过程中采用直流电，而要想系统工作具有可靠的稳定性，就必须采用晶振电路，而复位电路可用来控制红绿灯转换，相关人员必须注重系统使用中数据输入情况，减少信号延时。

（三）存储器

在硬件控制的系统中，存储器模块十分重要，如何科学合理地配置存储器，这是相关人员在设计过程中必须根据实际情况，对交通信号灯的硬件控制有清晰地掌握，并选择合适的存储器。存储器包括 SRAN 存储器和 FLASH 存储器两部分，必须进行准确的设计，充分发挥存储器的作用。

二、分布式系统软件设计

（一）中断控制

在设计软件的过程中，通过中断控制来中断信号灯指示，在中断控制过程中，从开始至结束，需要有保护现场，转入子程序，再恢复现场几个过程，软件系统是用来支撑整个模块运行的，整个系统必须建立独立的控制中断，并且排在顺序的优先位置，能更好地控制系统。这样的系统更适合检测实时的交通情况，并将信息采集发送到中心，并根据控制中心的指令进行处理问题。

（二）通信软件

通信软件也称串口通信软件，在分布式智能交通信号灯控制系统中具有通信作用，以 RS 485 这一串口通信软件为例，其在整个模块可集成全双工串行的通信口，并且配备的发送与接收缓冲器是独立的，能同时对数据进行接收和发送。在此信号灯控制系统中，包括嵌入式技术以及 PLC，通过主控制器发出的指令，信号灯的通信系统做出动作，这样的通信模式为串行通行提供了条件，也是分控制器与主控制器之间通信可靠的来源。通信软件由控制器规定配置，控制器必须设置相同且一定的串口数值，从而使通信软件在规范下运行。

（三）数据同步

在整个分布式的控制系统运行过程中，必须使系统内所有分控制器之间实现信号和数据的同步，从而使交通信号灯控制系统按照主控制器的模块周期进行控制信号的同步发送。

交通信号灯的周期运行可以体现在其中一组同步信号的周期。软件数据的同步，可以通过分控制器接收的数据发出信号，验证信息后，将有效信号发送到其他分控制器内。在软件设计的过程中，只有数据同步才能达到控制信号的同步，必须重视数据的发送过程，绝对不能出现问题，从而保证交通信号灯的精确性。

（四）参数设置

在软件设计的过程中，通过仿真路口的应用，计算出较为准确的参数，并且通过控制界面对交通信号灯的运行情况进行模拟，必须对软件的错误设置进行及时纠正，才能及时获得准确的参数。另外，对软件参数进行设置，利用智能化的设置，比如输入的指令智能化。在参数设计整个过程完成后，将参数信息传送入控制器，根据仿真数据的分析，进一步得出整体运行数据。

通过对交通信号灯的有效管理，能缓解交通系统的一定压力，而分布式智能交通信号灯就通过有效的控制系统对交通信号灯进行管理，并且能充分利用交通资源。分布式智能交通信号灯可以分为软件和硬件两个模块，需要相关人员不断提高这两个模块的相关技术，完善有关工作，从而保证分布式智能交通信号系统发挥最大的作用。

第四节　智能交通系统架构与物联网

在社会交通压力不断增加的背景下，智能交通系统应运而生，而智能交通系统主要是利用物联网中先进通信与信息技术来予以架构，加强物联网技术在智能交通系统中的应用，不仅能够充分发挥智能交通系统在缓解交通拥堵、提高车辆出行效率等方面的作用，而且也能够满足人们对智能交通系统的应用需求，由此可见，在智能交通系统架构中合理应用物联网技术是十分有必要的。而本节就针对如何在智能交通系统架构中合理应用物联网技术进行探讨和分析，希望可以促进整体的进步与发展。

随着社会经济的发展，以及人们物质水平的提高，社会交通压力不断增大，不仅体现在各个道路挤满多种车辆，而且也体现在因为道路上车辆而导致大气环境污染现象越来越严重，这些都为我国的经济发展带来一定的阻碍作用。为了缓解社会交通压力，实现智能交通系统的架构具有重要意义，而随着现代科学技术的进步，以物联网技术为代表给人们的日常生活和社会发展带来了多个方面的影响，其中就包括智能交通系统的架构，因此，提高物联网技术在智能交通中的应用水平，不但能够促使城市的交通在智能化的基础上得到良好开展，而且也有利于促进社会全面发展，从而促进整体的进步。

一、基于物联网技术应用之下的智能交通系统结构分析

物联网技术，从概念的角度来理解的话，就是不同的事物之间，借助计算机技术和通

信技术的相互连接构成网络，以此为生产管理提供及时化信息的一项技术。基于物联网技术应用之下的智能交通系统，是由若干个子系统组成，在充分发挥这些子系统作用的基础上来发挥整体功效，为此，这一章节主要探讨的内容就是基于物联网技术应用之下智能交通系统的组成内容，主要提出以下几个方面，从而更好地予以明确。

（一）智能化公共交通系统

在社会交通中，公共交通是重要的组成部分，成为人们选择的主要途径之一，因此，基于物联网技术应用之下的智能交通系统，第一个子系统为智能化公共交通系统，而智能化公共交通系统建设的重点在于结合车辆、乘客及道路交通信息等，在此基础上建设公共交通规划调度的良好平台。具体来讲，人们在选择公交车时，往往会在站点等候，一般情况下无法预知公交车在哪一时间点来，这一形式往往会影响候车人的心情以及其他方面，但是建立智能化公共交通系统之后，能够在很大程度上避免这一方面的问题，而智能化公共交通系统的建立，首先是建立电子站牌，用电子站牌替代之前使用的传统站牌，以智能化的方式告知候车的乘客有关车辆的信息；其次是构建监控系统，通过这一形式的采取，乘客得到有关等候车辆及路面的相关信息；最后是建立面对市民的公共信息查询系统，在这一系统使用的基础上，只要能使用网络，市民就可以了解到所需要搭乘车辆的信息，提前计算好时间，从而有计划地出行。

（二）智能化城市交通管理系统

基于物联网技术应用之下的智能交通系统，第二个子系统为智能化城市交通管理系统，在城市道路建设过程中，不难发现，城市的道路并不是简单的构造，往往会有很多十字路口、交叉路口，甚至很多的路段会有很多标识，以此来指引司机有效开车，由此可见，城市交通具有复杂性这一特点，因此，十分有必要建立智能化城市交通管理系统，在这一系统的作用下来应对城市道路的复杂性。城市道路的突发情况特别多，当突发情况来临时，若不能采取及时、有效的措施予以应对的话，将会带来严重的不利后果，为此，基于物联网技术上构建的智能交通系统需要建立全面的管控中心，能够实现多种发布信息的形式，通过这一形式，对交通情况进行良好的引导，尤其是要在道路的交叉口设立有效的交通管理和信号控制设备，从而有效控制交通道路情况。

（三）交通信号实时采集系统

在现阶段的发展过程中，对于车辆信息的采集方式主要采用的是固定的采集，通过安装相应的设备，比如说地磁检测器、环形线圈、微波检测器、视频检测器等，从正面或者是侧面对道路断面的机动车所获得的信息进行检测，但是这一种方式也存在着一定的不足之处，在天气状况十分不好的情况下，视频检测就会受到影响而不能满足实际的要求，像线圈检测这一设备只能感知到车辆通行情况，而对具体车辆的信息则无法感知。因此，为了实现交通信息的全天候实时采集，在此基础上建立交通信号实时采集系统，充分利用多种信息采集技术，在技术的使用之下进行多传感器信息的采集，在后台对多源数据进行数据的融合、结构化描述等数据预处理，从而促进整体的进步与发展。

（四）交通控制系统

良好的交通控制，才能最大化避免交通事故的发生，因此，智能交通系统架构中十分需要运用物联网技术来建立交通控制系统，对这一系统的理解，可以从以下几个方面入手：第一，道路分为主干道和区干道，不同的干道流量也是不同的，因此，需要实施中心级控制和区域级控制，首先是中心级控制要完成全区域的交通控制管理，其次是区域级控制要完成区域信号的管理，对区域路口进行战略性的优化，从而发挥良好的控制和监视作用。第二，路口是每一条道路发生事故的潜在地，因此，需要开展路口级控制，从实际发展情况出发，实时优化红绿灯的时间，促使交通信号灯更加合理地发挥作用，从而保障交通达到流畅的程度。

（五）智能化公路管理系统

基于物联网技术应用之下的智能交通系统，第五个子系统为智能化公路管理系统，这一系统的重点在公路方面，尤其是高速公路，车辆前进过程中不可避免地会碰到收费站，在收费站进行缴费，很容易遇到堵塞问题，为了实现车辆不停车缴费，以此来减少车辆在公路上的停滞时间，就可以通过智能化公路管理系统的建设来予以落实，从而加强公路通行能力和保持交通畅通，与此同时，在智能化公路管理系统建设过程中，还需要对一些违规车辆进行监控，一旦发现超载、超速等现象及时进行检测管控，从而促进整体发展。

二、基于物联网技术下的智能交通系统的技术手段探讨

智能交通系统如果单看道路或者是车辆这些单一方面是远远不够的，要想充分发挥智能交通系统对社会交通的作用，还需要充分运用物联网技术来予以实现，为此，这一章节主要探讨的内容就是基于物联网技术下的智能交通系统的技术手段探讨，通过以下几个方面的分析，促使物联网技术在智能交通系统中得到更好的应用。

（一）RFID技术应用于智能交通系统

RFID技术作为物联网技术的一个重要构成部分，广泛应用于智能交通系统，这一项技术在智能交通系统中的应用原理主要表现在以下几个方面：第一，车辆在道路上行驶所产生的数据输送到相关的设备之中就需要依靠RFID技术，在这一过程中运作的原理就是信息阅读器的天线会将电子标签发送到指定车辆上，当指定车辆行驶到特定区域之后，产生的数据会激活电子标签，从而实现数据的输送。第二，当相关设备接收到数据之后，还需要开展数据的处理工作，以此来更好地发出指令，而在这一过程中，RFID技术又能够发挥相应的作用，将收到的数据进行解读，在此基础上发送到平台作出相应的处理，以此来自动识别车辆，从而充分发挥智能交通系统的作用。

（二）传感器网络技术应用于智能交通系统

传感器网络技术也是物联网技术的重要组成部分，由于智能交通系统要想实现良好的信息采集需要用到较多有效的手段，因此，在众多合理的手段之中，作为物联网技术组成部分之一的传感器网络技术具有多个方面的优势与特点，将这一项技术应用在智能交通系统中，对于促进交通智能化发挥着举足轻重的作用。传感器网络技术在智能交通系统的应用，不仅能够有效收集路面的车辆信息，实现优化路面车流量的目标，而且也能够监控各个道路的路口，在计算各个方面车流量的基础上予以优化，在这些作用之下提高运行效率。要想构建传感网络，具体实施的方法就是在利用道路两侧聚合点的基础上组织成网络，在网络的作用下将各种收集的信号放到信号设备之中，而将传感器终端通过路面下的填埋或者是安装在道路规划处实现布点，通过这一形式的采取，行驶在道路上的车辆通过传感器区域之后有效实现数据采集的功能，从而促使智能交通系统开展良好的信息采集工作。

随着时代的进步与发展，智能交通系统是未来的大势所趋，有效运行这一系统，对于整体的发展具有积极的促进作用，而智能交通系统的良好运行，需要充分运用物联网技术的优势，为此，本节以此为探讨点，从基于物联网技术应用之下的智能交通系统结构入手，探讨基于物联网技术下的智能交通系统的技术手段，希望通过以上论点的探讨，促进整体的发展。

第五节　物联网传感技术与智能交通

伴随着我国科技水平的不断提升，智能化发展已经成为科技未来发展的主流趋势，在各个领域中都有所渗透。在这一发展背景下，物联网传感技术得到了极大的发展空间。鉴于此，本节主要研究了智能交通领域中物联网传感技术的应用。首先简述了物联网传感技术的应用原理，其次论述了智能高速公路交通中物联网传感技术的应用价值，最后研究了物联网传感技术在智能交通领域中的应用，旨在提升智能交通领域的运行速率。

在我国经济日益增长的今天，城市化建设事业的前进步伐也在逐步加快，此时城市人口数量随之增加，人们在日常出行时经常会遇到交通堵塞的现象，尤其是上下班高峰期，浪费了人们大量的时间。同时，由于汽车出行所引起的环境污染问题也在逐渐加剧，使得全球工业生产必须在短时间内制定出良好的发展方案。近几年来，智能交通的发明在很大程度上为城市交通的畅通运行提供了基础支持，引起了国内外各个领域专家学者的重视。为了更好地提升智能交通的智能化，将物联网传感技术有效应用其中已经亟待研发。基于此，针对物联网传感技术在智能交通领域中的应用这一课题进行深入研究具有一定现实意义。

一、物联网传感技术的应用原理

在高速公路智能化建设中，物联网传感技术的应用原理主要是指将云计算、物联网、WebGIS、无线接入视频分析以及工作流等主要技术应用于高速公路中的监控管理工作中，借以提升监控信息更新的实时性。与此同时，物联网传感技术的应用，还可以将包括路政、机电、收费及养护等管理技术应用在不同的部门中，提升各个管理部门的管理质量，真正提升高速公路的运行效率，最终实现对高速公路的智能化管控。

二、智能高速公路交通中物联网传感技术的应用价值

在智能高速公路建设过程中，物联网传感技术的应用价值主要包括以下几点：①节省了人们的日常时间，提升出行效率，而该项技术的引入，也同样使信息的传输效率得到优化，防止车辆驾驶者在行驶期间出现绕行情况。②对于突发事故的预防性处理具备一定的促进作用。在应用物联网传感技术进行高速公路的突发事故预防处理时，能够实时进行不同车辆行驶信息的交互，对车辆所在具体位置进行智能化感知，充分降低了交通事故的发展频率。③提升综合性交通运输管理网络的应用价值。应用物联网传感技术进行综合性交通运输管理网络的建设时，能够高度提升信息交互的效率和智能化管理水平，最终为国民经济可持续增长奠定基础。

三、物联网传感技术在智能交通领域中的应用

通信系统。在高速公路系统中，通信系统本身存储和搜集的数据信息量十分庞大，数据内容整理杂乱无章，并且相应的数据信息传输距离也比较远，种种因素的存在对高速公路通信系统正常运行提供了更多的要求。此时，为了能够完成提升高速公路信息化服务质量并促进公路运行的畅通性提升，作为高速公路的管理部门，应该积极在管理范围内构建完善集数据库、语音库及图像库于一体的通信系统，即"三网合一系统"。在实际的构建工作开展过程中，三个不同系统的整合内容主要是指三个不同系统的有效整合，其一是语音交换系统，其二是综合业务接入网系统，其三是光纤数字传输系统。此类物联网传感技术的应用，为高速公路通讯系统的高效运行提供了十分重要的数据参考依据，并为智能交通建设奠定了坚实的科技基础。

收费系统。在进行智能交通领域事业的建设时，比较重要的一项工作内容就是做好高速公路收费网络体系的建设。在这一过程中，物联网传感技术的应用价值就被凸显出来。首先，在系统构建期间并不设置主线收费站，而是采用全新的不同运行机构按照不同高速公路路段进行"拆账收费"，意在通过不同收费时段分别开展各自的账务处理工作，借以优化收费效率。其次，为了充分发挥物联网传感技术的功能，构建自动化收费系统就成为

重点工作。该项系统的建成，能够有效实现道路通行费、道路运输费抑或是停车费用收取工作的自动化效率。同时设置"一卡通"，提升整个高速公路路段收费系统的标准化。

智能监控系统。应用物联网传感技术建设智能化交通时，首先需要做好的就是构建完善的智能监控系统，使各类杂乱的海量信息通过科学技术得到有机整合，继而总结出最具应用价值的信息，最终整合出一套完整度极高、具备智能化及程序管理自动化的综合监控系统。具体来讲，在进行智能化交通监控系统构建时，主要体现在以下几点：①应用物联网传感技术中诸如定位导航技术、无线通信技术以及计算机车辆管理系统进行提升现有智能交通监管系统的应用价值，对于公路路面的实时运行状况进行有效监管，并及时将异常监管信息通过无线通信传回公路管理总部计算机中，实现全局总控的目标。②监控系统所监控到的信息经过系统自动处理之后，会自动上传至电子地图中，为高速公路车辆驾驶者提供精确的道路运行信息。③智能化的监控系统还具有自动追踪功能，可以实现及时对高速公路特殊情况下的特殊处理工作。④当需要对同一车辆进行多角度的监控管理时，智能监控系统可以自动切换界面，实现追踪监控，比较典型的应用就是在公安部门追捕犯罪分子时应用。⑤紧急救援，物联网传感技术在面对高速公路上出现的交通事故时，为了确保整条线路的正常运行，会开启紧急救援功能，及时处理突发事件。

数据仓库系统。从本质上而言，高速公路中的数据仓库系统是一个为公路运行提供有效信息的公共性信息交流平台，具有对数据进行存储、查阅、通信传输及信息共享等功能，其也是物联网传感技术应用的最佳体现。其具体的应用主要体现在如下几个方面：首先是在共享信息的提取方面，通过利用物联网传感器与数据仓库系统进行相关联得以实现。其次是有效融合处理高速公路运行期间采集到的各种道路信息，并针对来源广、信息量庞大的数据进行组织分类，提升数据的系统性和精确性，充分降低相关工作人员的工作量和工作压力。最后是可以按照使用用户的信息需求提供单独设置相应的权限制度，实现人性化管理目标。

四、物联网传感技术在智能交通领域中的发展前景

综上所述，为了更好地提升智能交通的控制工作开展水平和质量，有效将物联网传感技术应用到其中具有十分重要的作用。具体而言，在应用物联网传感技术时，可以高度实现从物理实体至信息空间虚拟镜像的管控工作，继而为现有交通中的实时信息变化信息搜集与管理模式转换提供了强有力的科技支撑。与此同时，物联网传感技术在智能交通领域中的应用，也有效地节省了能源的消耗，改善了环境污染现状，为实现人类可持续发展提供了巨大的经济效益与社会效益。由于受到多种因素的影响，本书中的内容并不全面，有待补充，希望其中的部分内容能够为后续关于本课题的研究提供参考。

第六节 基于物联网的隧道智能监测系统

受到技术因素、地质条件等因素的共同影响，我国物联网技术多应用在智能化交通方面，在工程监测方面的应用较少。基于物联网的隧道智能监测系统是一种以人员定位和智能管理为主的全新监测系统，将其应用到隧道工程监测中，可充分发挥物联网技术的优势，及时掌控隧道工程变化数据，为隧道工程设计和施工方提供真实有效的数据，以保证施工进度和安全要求。因此，开展基于物联网的隧道智能监测系统的探讨显得尤为必要。

物联网是信息产业的第三次浪潮，基础是 RFID 系统，是计算机技术、互联网技术、通信技术、嵌入式和微电子技术发展到一定程度的产物。从狭义角度来看，物联网指的是用于连接物和物之间的网络系统。从广义角度来看，物联网可看作信息空间和物理空间的有效融合，实现了高效、安全的信息交互。物联网的实质是一种拥有感知、计算、通信能力的微型智能传感器，以其作为连接节点，形成的传感网络。

一、基于物联网隧道智能监测系统功能模块设计

基于物联网的隧道智能监测系统功能模块主要以隧道工程监测数据为核心，面向隧道监测点，并对每个监测点进行系统化管理。以隧道工程监测日常工作、性质、辅助管理决策为中心来组织数据和实现其相应的计算机数字化管理模式。此系统由多个子系统共同组成，包括监测信息查询系统、监测预报警展示系统、监测数据分析决策系统、监测数据报表及图表生产系统、用户权限管理系统、文档资料管理系统、监测点及监测数据展示系统等。这些子系统，都有其独特的功能，每个子系统之间既相互独立，又相互联系。

每个子系统都有其独特的内部功能，并且在应用时各个业务逻辑又可分为若干个独立运行模块，每个模块都有与之相对应的功能。例如，基于物联网的隧道智能监测系统具有的功能包括监测点布置、监测数据展示等。各项监测数据又可独立输入或者导出，经过系统自动检查，确认无误之后，再传输给数据库，便于查询和提取使用。总之，合理设计系统功能模块，可及时发现问题，制定预防措施，降低安全事故发生概率。

二、基于物联网的隧道智能监测系统的具体应用

（一）工程概述

某隧道工程属于典型的分离式双洞隧道，其中左隧道的起讫桩号为ZK45+790 ~ ZK47+645，总长度为 1855 m，右隧道的起讫桩号为 YK45+810 ~ YK47+655，总长度为 1845 m。总体规模较大，为降低研究难度，以 ZK47+487 为研究背景，作为基于物联网的隧道智能监测系统监测断面，通过地质勘探表明，此监测断面围岩等级为Ⅴ级，主要有玄武

岩和灰岩，其中玄武岩风化比较严重，为保证隧道工程施工质量，围岩喷层厚度为 25 cm，二衬厚度为 50 cm。适用于该系统监测的项目比较多，包括锚杆轴力和围岩内部位移、围岩和初支护之间的接触压力、钢支撑的内力、二衬混凝土内力等。

（二）确定监测方案

基于物联网的隧道智能监测系统应用过程比较复杂，但应用机理基本相同。为更加清楚直观地展示系统应用方法，本节主要分析基于物联网的隧道智能监测系统在围岩和初支护之间的接触压力监测中的应用。具体监测方案：在开始监测之前，需要在围岩和支护之间合理埋设各种传感器，并在指定位置布置 MCU32 采集器。

为保证监测数据的精度，需要在每个断面上至少布置 5 个监测点，并以压力盒上的数字进行编号。传感器布置效果对断面监测效果的影响非常大。为提升监测精度，保证监测到数据能够真实反映实际情况，传感器需要布置在围岩和初衬相交的界面上，便于围岩压力的精确量测。在埋设之前，需要详细记录每个压力及传感器上的初始频率，合理标记相应接头。确认达到要求之后，把压力盒接入 MCU32 采集器中，同时把频率换算成相应的接触应力。

（三）监测结果

通过应用基于物联网的隧道智能监测系统，可动态监测围岩压力变化情况，为隧道施工提供真实有效的数据参考和理论指导。当掌子面开挖结束之后，立即安装压力监测盒，并接触压力进行全方位动态化监测，获取真实有效的围岩压力沿着时间变化的数据。对这些数据进行全面分析，监测频率严格按照规定执行。当本隧洞工程混凝土初期喷射结束之后，在混凝土尚未凝固之前，混凝土层的接触压力，随着围岩变形而变形。因此，隧道智能监测系统监测到的接触压力为零，随着混凝土固化，形成了具有一定强度的支持层，可阻止围岩进一步变形。此阶段，围岩仍然处于应力释放阶段，可在混凝喷射层和围岩之间形成应力，随着时间推移，5 个监测点位置的应力进一步提升，最终进入围岩变形稳定阶段。

从隧道智能监测系统给出的数据可以看出，在测量断面中，不同位置围岩稳定性不同。其中右拱腰位置，围岩和混凝土喷层之间的接触压力最小，最大值为 8.2 kPa，不足 10 kPa。可以看出，整个断面此位置最为稳定。

左拱腰位置和混凝土喷射层之间的接触压力，在开挖 8 d 之前，接触压力快速上升，到第 8 天时达到最大值，达到 152.4 kPa。然后开始逐步回落，到 50 d 后接触压力值基本趋于稳定，接触压力在 85 kPa 左右。

左边墙在隧道开挖时，接触压力上升速度比较快，开挖到第 6 天，接触压力上升速度减慢，但也在增加，到 18 d 后接触压力达到最大值，在 56 kPa 左右。此后接触压力开始逐步下降，到 120 d 后基本趋于稳定，稳定后接触压力保持在 38 kPa 左右。

右边墙接触压力和时间变化情况和左边墙类似，开挖 8 d 内，接触压力随着时间变化的幅度比较大，8 d 之后增长幅度有所降低，到 60 d 后变化幅度趋于稳定，维持在 88 kPa

左右。

　　拱顶围岩和混凝土喷射层之间，接触压力随时间变化幅度最大。因此，拱顶所承受的压力应力也就最大，隧道开挖一直到 18 d 之前，接触压力一直在增加，到 18 d 后达到最大值，最大峰值应力 548 kPa 左右。此后开始逐步降低，但接触压力数值仍然很大，趋于稳定所花费的时间比较长，直到 100 d 之后，才基本趋于稳定，最终维持在 180 kPa 左右。

　　分析接触压力和时间统计数据可知，隧道开挖之后，围岩和混凝土喷射层之间接触压力大致分为三个阶段，一是刚开始开挖后到 8 ~ 16 d，应力释放速度比较快，导致围岩和混凝土喷射层之间的接触压力快速上升；二是开挖之后 8 ~ 16 d 到 30 d 左右，混凝土强度逐步提升，虽然一定程度上减小了应力，但围岩和混凝土喷射层之间的接触压力仍然处于上升阶段，只是上升速度明显降低，甚至部分测点围岩和混凝土喷射层之间的接触压力已经没有大幅度变化，正处于平稳阶段或者慢速增长阶段；三是开挖持续 30 d 之后，隧道工程围岩和混凝土喷射层基本趋于稳定，并没有大幅度变化，此时围岩已经基本处于除拱顶围岩之外，其余部位的围岩已经基本趋于稳定状态。

（四）对施工的指导作用

　　通过分析物联网隧道智能监测系统获得的数据，可知本工程拱顶处接触压力明显大于其余位置的接触压力。拱顶位置属于拉应力区，相比其他部位而言，更容易发生松弛、掉块等质量通病。并且在拱顶施工时，受到混凝土喷射施工工艺及施工工期的影响，容易发生混凝土喷射厚度不足问题，造成混凝土喷射之后存在较大空洞，影响施工进度和施工人员安全。因此在具体施工时，需要高度重视拱顶混凝土喷射情况，保证喷射厚度和密实度，在拱顶围岩较差位置，还要开展注浆处理，避免发生局部破坏。

　　本节结合工程实例，探讨了基于物联网的隧道智能监测系统的具体应用。分析结果表明，科学合理地应用智能监测系统，可为隧道工程施工提供必要的技术支持，提升施工效率，保证隧道工程施工任务能够高效、安全、有序完成，为隧洞工程智能化、信息化施工提供技术支持。此外，隧道工程施工时内部环境复杂多变，很多技术和机械设备受到制约，无法发挥出应有的作用和优势。采用基于物联网的隧道智能监测系统。即使在较差环境中，仍然可以保持良好的运行状态，促使各道工序顺利开展。

第七节　信息技术、智能电网和物联网的关系

　　从信息化、自动化、智能化的角度来看，最终的智能电网会把电力网提升为电力、数据、视频、智能家电控制、楼宇自动化和电动交通等多功能合成的互动网络。本节介绍了电力企业信息技术的发展历程，由最初的办公信息化和电厂、变电站自动化到智能电网的形成，最后达到新能源的利用和物联网的发展，使智能电网效益更加显现，国家电网智能化程度达到国际先进水平。

一、信息技术在电力企业的现状

（1）信息技术在电力企业的发展。信息技术是企业利用科学方法对经营管理信息进行收集、储存、加工、处理并辅助决策的技术的总称，而计算机技术是信息技术主要的、不可缺少的手段。随着我国经济的发展，作为能源企业之一的电力行业的地位越来越重要。如何将信息技术进一步应用到电力企业中，已成为重要的科研课题。如何利用不断发展的计算机技术、网络技术、数据库技术、智能网技术、物联网技术，建立一套以完成具体业务为基础，以数据加工为重点，以安全生产为目的，实现内部数据共享，同时能开展在线生产、经济活动分析，最终为企业领导提供决策服务、以电网安全稳定运行为目标的信息系统就显得十分必要且迫切。

（2）电力企业信息化建设的现状。目前整个电力企业信息化总体上处于较高水平，但是生产过程控制自动化的先进性与生产管理信息化的滞后性并存。电力企业对生产、调度过程控制的自动化应用一向比较重视，而对业务管理信息化的重视却相对不足。总体来看，业务管理信息化滞后于生产自动化的发展进程。主要表现为以下方面：①电力行业长期作为国家垄断行业存在与运营，作为国家的基础性产业，电力企业曾一度在计划性指令下进行生产，以安全生产为中心。②电力企业纷纷采用分布式计算机管理系统进行数据采集系统化，同时部分电力企业也进行了 MIS(管理信息系统) 系统建设的尝试，包括对人事劳资、设备维护、生产计划、办公自动化 OA 等方面的尝试，甚至也在试图建设以 SIS(厂级监控信息系统) 系统、EAM(企业资产管理) 等为核心内容的信息化管理系统，以帮助企业实现预算精细化、管控一体化的全面信息管理。

电力企业中电力生产系统应用比较成熟，目前，电力系统的计算机装备水平已大大提高，中小型机、微型计算机装备级别不断更新提高，路由器、交换机等网络设备数量增加较快。大部分水电厂、火力发电机组及变电站配备了计算机监控系统；相当一部分水电厂和变电站在进行改造后实现了无人值班、少人值守。发电和变电生产自动化监控系统的广泛应用大大提高了生产过程自动化水平。我国电厂、变电站、电力调度的自动化水平达到国际先进水平，实现电网智能化。

二、智能电网的发展

（1）智能电网的概念。电力系统是利用火力、风力、水力、太阳能来实现发电—变电—输电—变电—配电—用电的一个过程，而智能电网就是对这一过程实现自动、可视、互动、智能化。而我国智能电网是以特高压电网为骨干网架、各级电网协调发展的坚强网架为基础，以通信信息平台为支撑，具有信息化、自动化、互动化特征，包含电力系统的发电、输电、变电、配电、用电和调度各个环节，覆盖所有电压等级，实现"电力流、信息流、业务流"高度一体化融合的现代电网。智能电网将通过集成先进的信息化、自动化、储能、运行控制和调度技术，为清洁能源的集约化开发和应用提供技术保证。

（2）智能电网的目标和本质。发展智能电网的目标是在现代电网中应用信息通信技术，实现电能从电源到用户的传输、分配、管理和控制，以达到节约能源和成本的目标。

发展智能电网本质的就是能源替代和兼容利用。它主要是通过终端传感器将用户之间、用户和电网公司之间形成即时连接的网络互动，从而实现数据读取的实时、高速、双向的效果，整体性提高电网的综合效率，实现节能减排的目标。

（3）智能电网中新能源的开发。新能源开发是智能电网建设中很重要的一环，目前可供开发使用的新能源主要有太阳能、风能、潮汐能、生物质能、地热能等。

三、物联网的发展

21 世纪是进入信息化的新时代，智慧城市、4G 通信技术、低碳技术、物联网、3D 显示、增强显示技术（AR）、云计算、人用疫苗技术、电机系统节能、可燃冰开采技术，成为 2010 年影响中国的十大技术。作为十大技术之一的物联网技术自然也成为人们的话题。智能电网不是终点，而是一个过程。目前，智能电网技术是国内外有关电网发展趋势研究的热点，伴随着物联网技术的应用和发展，智能电网的建设也必将被带入新的高度。现今，智能电网与物联网正在融合发展。

（1）物联网的概念。物联网是继计算机、互联网和移动通信之后的又一次信息产业的革命性发展。其应用范围几乎覆盖了各行各业。顾名思义，物联网就是"物物相连的互联网"。通过射频识别（RFID）、红外感应器、全球定位系统、激光扫描器等信息传感设备，按约定的协议，把任何物体与互联网相连接，进行信息交换和通信，以实现对物体的智能化识别、定位、跟踪、监控和管理的一种网络。物联网的核心和基础仍然是互联网，是在互联网基础上的延伸和扩展的网络，其用户端延伸和扩展到了任何物体与物体之间，进行信息交换和通信。

（2）物联网与智能电网的联系。物联网的应用领域覆盖到各个角落、各个领域，"十二五"期间，我国物联网重点投资十大领域：智能电网、智能交通、智能物流、智能家居、环境与安全检测、工业与自动化控制、医疗健康、精细农牧业、金融与服务业、国防军事。在物联网应用的十大领域中，智能电网的投资规模最大。未来，将实现物联网技术在智能电网应用中的重大突破，将打造出电力物联网芯片设计、应用系统开发、标准规范体系、信息安全、软件及测试平台等完整的产业链。将物联网关键技术应用于智能电网，构建电网运行及管理信息感知服务中心，物联网与智能电网结合将大大提升智能电网信息通信支持能力。构建以信息化、自动化、互动化为特征的坚强智能电网，是适应中国国情，满足未来各方面发展需求的战略性选择。

第八节　物联网技术的智能 LED 路灯控制

现阶段，城市交通发展越来越完善，在夜间照明路灯应用中，传统路灯需要大量电能，且相关照明设备应用还会产生一些环境污染。随着智慧城市的建设发展，智能 LED 路灯将逐渐取代传统路灯，成为城市夜间照明的主要设备。在智能 LED 路灯控制系统设计中，需要借助相关物联网技术，实现整体智能路灯设计实现。基于此，本节主要介绍了智能 LED 路灯的应用优势，分析物联网技术下智能 LED 路灯的总体设计；同时，探究基于物联网技术的智能 LED 路灯控制系统设计方法，希望能够为城市智能 LED 路灯控制设计提供一些参考依据。

智能 LED 路灯优势众多，所以在现代化城市建设中得到了广泛应用，对于促进整体城市智慧建设提供了技术支持。就目前智能 LED 路灯设计应用来看，相关的智能控制和优化方案还在进一步发展中，借助物联网技术，智能 LED 路灯控制系统还将不断优化，整体控制效果将不断提升。

一、智能 LED 路灯的应用优势

智能照明系统解决方案的主要优势体现在节能环保、远程控制给用户带来的体验。这套解决方案中的被动红外传感器可以通过对外界"感知"达到智能控制的目的；当人体位于传感器有效区域时，传感器能自动调整灯的明灭，实现节能环保的效果；照度传感器可以敏锐地捕捉环境光的变化，对灯具亮度进行自动平衡，给人们带来舒适的照明体验；无线技术则能够将室内灯具、传感器节点以及网络关联在一起，组成整体网络。

智能 LED 路灯在节能环保上也具有突出效用，传统高压光源中含金属汞、金属钠，后续废品处理对环境污染大。而 LED 是固体光源，不加任何气体，路灯不含有害金属汞，更加安全环保，对环境污染小。此外，在显色性能上，高压钠灯显色指数低，显色性差，对物体本身色彩的还原性差，不利于对周边环境深度进行判断；LED 灯光源显色指数高，显色性好，能很好地还原物体的实际色彩，比较接近自然光色。另外，传统高压钠灯使用寿命为 1 ~ 3 年，而 LED 灯的平均使用寿命在 5 年以上。

二、基于物联网的智能路灯系统总体设计

（一）物联网

物联网是新型信息技术发展的产物，物联网实际指的就是物物相连的互联网，物联网包含有两种内涵：第一，物联网的核心和基础是互联网，是在互联网基础上延伸和拓展的一种技术信息网络；第二，物联网用户端延伸和拓展到了任何物品和物品之间，进行信息

交换和通信。物联网通过智能感知、智能识别以及普适计算，在网络融合中的应用比较多，物联网技术发展必将推动互联网技术发展为第三次信息产业发展浪潮。

（二）智能路灯系统总体设计框架

以物联网为基础的职能路灯远程控制系统主要是由路灯监控中心、路灯控制终端、路灯区域协同控制器、监控中心、路灯区域协同之间的网络、路灯协同控制器和控制终端等构成的 ZigBee 通信网络。其中，路灯监控中心的主要职责是对于相应信息进行统计、分析和整合，能够对于路灯区域协同控制器实施有效控制目标；而协同控制器主要是用来调节相关路灯明暗程度，执行监控中心的命令，并对于路灯终端采集发送数据进行上报；路灯控制终端主要是用来对路灯运行状态进行监测，相关监控中心和协同控制器之间使用 GPRS 网络实现连接通信；控制终端和相应区域的协同控制器之间使用 ZigBee 协议来完成相应数据信息传输。

三、硬件设计

（一）路灯控制终端设计

就路灯控制终端设计来看，主要要做好功能设计和组成结构分析，实现各部分的设计功能。

功能设计上来看，路灯控制终端需要有 ZigBee 的终端设备功能，实现信息传递，要将每个路灯的运行数据实时传送到路灯网络协调控制器中，此外还要实现单灯控制功能，能够达到对于相应路灯光线的调节控制目标，根据具体运行状态进行单灯节能控制调节功能。

就路灯控制终端设计来看，其控制终端主要是四个部分构成，即数据采集模块、处理器模块、无线通信模块以及能量供应模块。其中，数据采集主要是通过光敏、声音传感器等对于区域内的光照和声音信息进行有效收集，将采集信号通过处理电路转化成相应的传输数字信号，再传递给微处理器；处理器对于整体的传感器节点操作进行有效控制，进行相应的存储和处理数据采集，进行无线通信模块和相应传感器阶段的无线通信管理，最终实现信息交换和数据收发功能。电源模块则是为传感器提供所需能量，能够使用微型高容量电池供应能量。

（二）路灯区域协同控制器设计

就路灯区域协同控制器功能来看，其主要是实施路段控制，实现路权网络启动和相关资源共享，并借助无线通信网络来实现信息有效传递。路灯区域协同控制器能够对于各路灯控制终端采集的相关数据信号进行接收，并传送给相应的监控中心，也能够将监控中心发送的执行指令进行传递，让相应路灯控制终端执行指令。

这一控制器的主要工作原理是通过光敏传感器采集道路光照信号进行智能控制器信号

传输，控制相应路灯实施智能开启和关闭；还能够根据车流量和声音传感器信息，进行相应照明电路和输出电压调整，保证整体供电平衡，实现节能控制目标。

（三）路灯控制终端和区域协同控制器之间的通信设计

构建两者之间的通信网络，完成区域协调，用控制器时间、光照信息测量，进行路灯终端故障诊断以及移动检测，借助 ZigBee 无线网络实现协同控制器和路灯终端之间的有效通信。在进行相应系统设计中，需要按照相应通信组网特点，对于 ZigBee 和传统路灯控制模式结合，按照不同路段时间特点，对协调器设置进行控制，根据组网特点和要求，分析相应路灯状态，按需实施节能措施。

（四）监控中心

系统监控中心实施对于整体路灯监控、各个路段的路灯网络协调控制器、路灯控制终端相关电压电流调整以及传感器采集声音和光照信号具有重要作用。以图表形式提供给管理人员，这对于进一步做好决策具有一定帮助，同时也能够按照相应的控制要求进行系统决策制定，将相关决策指令发送到路灯网络协调器中，在异常情况下实现自动报警。

四、系统软件设计

在软件设计中包括两个部分，一是区域协同控制器端的数据采集和传输，二是监控中心的监控管理软件设计。区域控制器主要是通过数据采集和接收 / 发送控制命令，参数设置构成，其主要的功能是进行系统初始化，实施信息采集和传输。

监控中心主机界面采用可编程软件进行功能完善，要保证人机界面完善，主要任务则是对于终端数据实施有效的分析处理，完成实施信息指令的发送任务。

基于物联网技术的远程智能 LED 路灯控制系统设计，能够实现路灯远程控制目标，还能促进智慧城市建设，提升电力供应水平。目前，该技术还在进一步发展中，相信在未来城市化发展中，将得到更加广泛的应用。

第四章　智能交通领域物联网设备维护

第一节　智能交通转辙设备维护

超大规模网络化运营，对设备运维管理提出了更高的要求。基于上海城市轨道交通转辙设备的运维管理实践，对运维管理过程中考虑不周而造成的运营安全隐患进行归类、分析。探讨城市轨道交通转辙设备在新线建设设计选型及运维阶段管理实施的问题，并通过利用信息化管理平台、转辙设备监测系统，以解决转辙设备履历、维护记录、设备状态等管理问题。

随着上海城市轨道交通建设的快速发展，根据规划，到 2020 年路网运营总里程将达到 800km，届时上海地铁转辙设备总量将达到 3600 台左右。而确保转辙设备运行正常是保障运营安全和效率的关键。因此，运维过程中做好转辙设备维护管理工作尤为重要。

一、上海轨道交通转辙设备概况

上海轨道交通目前拥有 15 条线路，已形成网络化运营格局。其转辙设备总量达 2116 组（3021 台），其中正线道岔转辙设备 901 组（1783 台），基地道岔 1215 组（1238 台）。由于线路建设周期不同，道岔转辙设备的类型也趋于多样化：按转辙机型号，可分为 ZD6-D 型、ZD6-E/J 型、ZDJ9-A/B 型、ZDJ9-C/D 型、ZYJ7-GZ 型、ZYJ7- 侧式型；按安装方式，可分为长角钢安装式、整体道床短槽钢安装式、轨枕式、三开安装式；按锁闭方式，可分为内锁式、外锁式。

二、上海轨道交通转辙设备运行现状分析与对策

（一）道岔转辙设备故障原因分析

道岔转辙设备故障主要原因有以下几个方面：

（1）机械和电气指标调整不当。一是随着新线路的开通，各线路的专业技术人员占比被摊薄，检修人员业务能力不足，二是检修作业未严格按照标准流程进行，检修质量不过关。

（2）作业过程把控不严、施工交底不清。一是作业人员不了解和不掌握该作业项目的操作规程和注意事项，存在因操作不当而导致故障的可能；二是未开展作业预想，使得作业过程风险识别不彻底；三是作业过程未严格执行两人互检制度，弱化了互控机制。

（3）工电结合部整治难。一是线路条件制约，未能及时彻底整治，二是道岔整治过程中沟通协调难、作业效率低、整治效果差。

（4）设备器材工艺质量问题。一是供应商器材选型问题，二是工艺缺陷导致的质量问题。

（5）设计缺陷问题。一是轨枕式电液转辙机前、后机长油管的径路都是穿越转辙机底部基坑安装，基坑开挖深度不够，大量基坑处于积水、油污状态，使油管长期浸泡在油水混合物中，腐蚀严重，且不易日常检查。二是轨枕式电液转辙设备由于其外锁闭装置结构比较复杂，受外界工况、环境及调整不当等因素影响，易引发机械卡阻等故障且比较频繁。三是部分车站震动较大。

（二）对策措施

（1）加强专业技能人才培养，提高技术人员占比。一是建立并健全员工职业发展制度，做好分公司管理人员、技术人员及高技能人才培养的规划工作；二是完善专业人才培养，做好分层次、分阶段的培训体系，为分公司适应网络化建设做好人才铺垫工作。

（2）转辙设备检修维护，加强作业组织工作。一是对于转辙设备检修维护过程中出现的问题，要求加强作业组织工作，明确分工；二是开展作业预想，细化完善现场作业流程，制定专项应急处置方案，提高应变能力。

（3）加强落实设备包保制度。一是针对检修作业不符合规范、作业质量差的问题，要求严格按照维规、作业指导书组织检修作业；二是落实设备包保制度，要求任务明确、责任明晰、措施到位、监督有效，全面提高分公司的生产管理工作。

（4）制定设备器材内控标准，盯控供应商设备选型。一是通过制定设备器材内控标准，要求供应商为上海地铁选用稳定、可靠的相关设备器材；二是对全网络整机备机、关键性零部件等进行全面梳理，定期跟踪使用及库存情况，及时申报采购以确保现场班组使用。

（5）开展隐患排查，及时整改消缺。一是推进 ZYJ7 型转辙设备改进型外锁闭装置安装，实施轨枕式电液转辙机油管的径路改造；二是研究 ZYJ7-GZ 型转辙机改成内锁、侧式安装的改造项目可行性，组织进行现场改造条件确认，尽快实施改造。

（6）探索道岔工电联检区域化管理。道岔工电结合部是工务、信号两个专业在设备和技术管理上的接口部位，也是管理上的薄弱环节。针对道岔工电结合部整治难的问题，在原有工电联检基础上探索联合工区作业方式，完善工电结合部标准化作业，加强现场岔区隐患应急处置和有效沟通，减少道岔整治过程中沟通协调的成本，提高作业效率。

三、道岔转辙设备管理实践

（一）新线建设道岔转辙设备选型建议

上海地铁由于线路建设周期不同，道岔转辙设备的类型也趋于多样化：按转辙机型号，可分为 ZD6-D 型、ZD6-E/J 型、ZD6-G/F 型、ZDJ9-170/4K 型、ZDJ9-A/B 型、ZDJ9-C/D 型、ZYJ7-GZ 型、ZYJ7-侧式型；按锁闭方式，可分为内锁式、外锁式。设备类型多样性继而导致管理难度大、问题多。

根据我国现行《铁路轨道设计规范》规定"列车直向通过速度大于 120km/h 的道岔，应采用分动外锁闭装置"，上海城市轨道交通目前运营速度均不超过 120km/h，采用内、外锁闭装置均能满足地铁安全运营需要且符合规范要求。结合上海城市轨道交通道岔转辙设备内、外锁闭装置近年来的运用情况，对故障率、运营操作、设备维护、应急抢修、运行质量及维护成本等综合评估，发现内锁闭装置均优于外锁闭装置。

基于以上情况，在满足道岔转换需要的前提下，尽量减少转辙机参数规格。上海地铁要求对于不大于 120km/h 速度的新线及延伸线，道岔转辙设备全部采用联动内锁闭装置，并将内锁闭装置纳入道岔标准图集，同时既有线可结合实际运用情况逐步改造。目前上海地铁在建的 14、15、18 号线转辙设备选型均为内锁闭道岔，正线为 ZDJ9-C/D 型、停车场为 ZDJ9-170/4K 型。

（二）道岔转辙设备运维质量提升举措

上海轨道交通网络中道岔转辙设备数量庞大，且上海轨道交通列车开行交路复杂多变，按照道岔转辙设备的使用功能可分为折返道岔、出入库道岔、越行进路道岔、非常折返道岔，道岔转辙设备在运营中的重要程度不同。因此，在设备维护管理上应考虑以下问题：一是如何根据全网络道岔转辙设备在运营中的重要程度，制定相应的维护和预防策略；二是如何运用监测系统对道岔转辙设备实施有效监控；三是如何评价全网络道岔转辙设备的运营质量，制定绩效激励和质量监督。

1. 推行"一岔一长""一岔一档""一岔一策"制度。

根据全网络道岔转辙设备在运营中的重要程度，实行道岔转辙设备分级管理，将道岔按不同等级分为三级：唯一进路中的折返道岔，定为一级道岔；折返道岔、出入库道岔、越行进路道岔，定为二级道岔；其他非常折返道岔，定为三级道岔。本着转辙设备运维精细化管理，探索推行"一岔一长""一岔一档""一岔一策"制度，具体方案如下：

通号分公司作为道岔转辙设备的主体负责单位，要求对每一副道岔指定专人担任"岔长"，总体负责和协调该道岔的各项工作，其他单位应积极、主动做好配合工作。"岔长"的岗位职责是工电联检作业，车工电联检作业时，由"岔长"统一指挥负责；当联检作业意见不统一时，由"岔长"统一指挥协调；若需对道岔相关设施设备进行整改，应将施工方案、风险评估、应急预案等一并向"岔长"汇报，经"岔长"同意后方可实施；若发现有影响道岔转辙设备安全运行的隐患，且不能及时修复的，由岔长申请相关降级使用事宜。

梳理转辙设备档案信息，档案信息包括道岔基本信息、转辙机基本信息、转辙设备更换记录、转辙设备故障信息等，并通过搭建的转辙设备信息化管理平台，实现设备履历"一岔一档"电子化管理。

根据道岔等级的不同，在维护人员技能等级配置、设备巡视频次、设备维护频次、备品备件配置、保驾值守等方面，制定不同的维护策略和管理举措，落实"一岔一策"管理要求。

2.加强监测数据分析工作。

道岔转辙设备监测系统是监测设备状态、发现设备隐患、分析设备故障原因、指导现场维修、反映设备运用质量、提高检修人员维护水平和维护效率的重要设备，通过对监测曲线的观察分析，能够及时发现道岔隐患，可以有重点、有目的地进行维修和整治。随着上海轨道交通随着6、7、8、9号线新增道岔监测项目及部分线路道岔监测功能升级项目的启动，上海轨道交通全路网转辙设备监测系统功能的逐步完善。为了发挥监测系统在道岔转辙设备维护中的作用，所以需结合实际，制定相关管理制度，才能保证监测系统的高效运用。加强数据浏览分析工作可从以下几个方面着手：

建立监测数据浏览分析制度，定期进行集中监测数据浏览分析，发现信号设备隐患，预防设备故障，掌握监测运用质量；

实行现场班组、维护部、运维支持部三级分析制度，调阅、分析管内监测数据，对发现的问题实行闭环管理；

监测报警信息，必须及时通知，查明原因，及时处理，跟踪、监督报警信息和故障处理结果；

相关专业工程师每月总结监测数据的分析结果，并针对性地发布技术通知。

3.实施道岔万次动作故障率统计分析。

道岔转辙设备的重要度和故障频率与其转换动作频度有直接关系。全路网中各道岔的动作次数相差非常大，有些常折返道岔一天动作几千次，有些中间站道岔则很少动作。用道岔转辙设备每10万次动作故障数来评价其运营质量，具有可比性和可操作性。转辙设备的动作次数可从道岔监测系统中获取，也可通过运营图测算。其故障数可从故障管理平台中获取。依据万次动作故障率质量指标，亦可实现不同线路、不同时间段、不同机型之间的比较，为考核激励提供了有效依据；二可实现相同动作次数下不同故障模式的分类统计分析，从中找出主要问题，及时调整维护策略；三可通过道岔动作万次的统计，反映道岔转辙设备的工作负荷，为转辙设备相关器材轮修周期调整提供了可靠依据，实现了全生命周期管理。

针对城市轨道交通道岔转辙设备运维过程中发现的问题进行总结、分析和归类，既是积累经验、优化管理措施、指导现场的需要，也是充分体现城市轨道交通设备运维管理不断进步和完善的过程；通过建立和不断完善针对性的运维管理措施，近几年转辙设备管理效果显著，道岔转辙设备故障数逐年下降，全路网道岔转辙设备质量显著提升，为城市轨道交通安全高效地运行提供有力的保障。

第二节 智能交通设备维护

随着我国轨道交通事业的高速发展，信号系统作为城市轨道交通的"大脑"，肩负着保证行车安全的重任，其设备维护管理的相关问题也渐渐引起了人们的重视。近年来我国多个城市都在开展城市轨道工程建设，希望通过对轨道交通现代化工作的积极开展提升城市轨道资源的利用，从而为人们的出行提供便利。但是在轨道交通运行期间，一旦信号系统出现故障，就会给城市交通带来不便，很大程度地损害城市交通形象。在这样的情况下，必须要通过分析、实践加强对轨道交通信号系统设备的维护管理，据此，本节以轨道交通信号系统中的典型设备为例分析相关问题，希望能够对现实有所裨益。

在城市建设的过程中，现代化交通扮演着十分重要的角色。近几年来，我国十分重视现代化交通建设的开展，全国各地的交通工程数量都得以增加，这也为轨道交通的合理应用打下了坚实的基础，人们的生活因轨道交通的发展获得了益处，同时轨道交通的发展也间接为能源的节约作出了一定程度上的贡献。然而，在轨道交通运行过程中，往往会出现信号系统故障，一旦出现故障就会降低轨道交通运行效率，不仅会造成经济损失，严重的故障甚至会威胁人们的生命安全。据此，本节研究了轨道交通信号系统设备维护管理的问题，具备较强的现实意义。

一、轨道交通信号系统故障产生原因

（一）人为原因

想要对整体问题进行研究，就必须要在一定程度上明确轨道交通信号系统故障产生原因。人为原因尤其是违规操作的情况往往会导致轨道交通信号系统出现故障，会直接影响轨道交通信号系统的具体功能，影响轨道交通安全。例如，在日常的维护检修过程中，很多工作人员往往没有树立较强的安全意识，在专业技能水平方面也无法达到要求，操作时忽视了规章制度，导致轨道交通信号系统出现损坏，进而引起故障。

以轨道交通信号系统中的计轴设备为例，轨道交通信号系统包含很多的计轴设备，计轴设备较为精密，很容易发生故障，故障会导致原本空闲的轨道区段红光带被占用，其具体原因分为两个部分，在室内的故障中，往往是因相关工作人员操作不当，导致计轴板卡出现问题，而室外的故障则是因为设备受到了金属设备干扰，再加上机车长时间的在计轴磁头位置停留，影响了轮轴检测设备的信号传输，造成错误检测。

轨道交通信号系统本身就具备着专业性与复杂性的特点，所以人为原因导致轨道交通信号系统设备出现故障很难完全避免，只有在加强对工作人员技能培训的基础上不断地对故障进行分析、总结，提升技能水平，同时加强每位工作人员的安全意识宣贯和教育，才能够降低人为因素造成的故障。

（二）轨道交通其他系统的故障

轨道交通信号系统接口较为复杂，需要与多个专业的多个系统进行数据传输，联合控制，这些与信号系统接口的外部系统也可能会出现故障，一旦故障发生，就会影响到与之接口的信号系统的正常运行。导致这些系统出现故障的原因也很多，可能是静电或者雷击，抑或是突然的设备故障等。

不同的系统在稳定性方面也有所不同，故对于信号系统本身健康状态的评估与监测应包含这些与之接口的外部系统。

（三）信号系统自身硬件存在故障

最后需要提到信号系统自身硬件故障的问题，轨道交通信号系统的运行是否稳定，与硬件设备的稳定性存在着密切的关系，硬件设备不稳定会导致轨道交通信号系统在运行的过程中不具备较强抗干扰能力。受到设备稳定性欠佳的影响，不同站点之间的数据通信会间歇性断开，导致部分线路通信中断，出现设备瘫痪的情况。除此之外，在轨道交通信号系统中，电子元件也十分重要，电子元件长期使用会面临老化的问题，存在火灾风险，一旦出现火灾，不仅仅会影响设备，还会直接威胁人们的生命安全。

在轨道交通信号系统运行的过程中，很多因素都会对设备造成损害，如不合理的系统互联就包括在其中，一旦线路互联不合理，就会损害信号设备，引起各种意外事件。所以需要合理开展对轨道交通信号系统设备的维护管理工作。

二、轨道交通信号系统设备维护管理措施

（一）对维修设备进行科学配置

轨道交通信号系统设备维护管理的重点在于对维修设备进行科学配置，在开展设备维护管理的过程中，应对专业的工具进行利用，对技术进行创新，以保证信号系统维护的正常开展。

维护终端的设置应该以控制中心为基础，在控制中心内可呈现所有车站的故障信息。相关部门应与信号系统供货商进行交流与沟通，保证控制中心的维护终端能发挥自身的作用。同时还需要对远程诊断采样单元进行合理设计，其被设置在各设备集中站内，实时监测各设备集中站的状态信息，一旦出现故障报警，就应针对所报设备的故障快速开展具体的维护工作。

信号检修车间设置在综合维修中心内，包含多种检修诊断及分析工具，如计算机诊断系统及计算机分析工具等，维护终端能为全线地面设备提供故障诊断信息，有利于轨道交

通信号系统设备维护管理工作的开展。

　　轨道交通信号系统设备的维护管理需要依赖专业仪器与工具，需要合理进行配备。维修设备十分重要，应将其配置在综合维修中心及各个设备集中站的维护设备柜中，有利于更好地开展机械维修工作。

（二）制定合理的维护管理方案

　　最后，需要对合理的维护管理方案进行制定。维护管理方案的重点在于预防性维护，所谓预防性维护主要就是在轨道交通信号系统设备还没有出现故障前就对其进行预维护，维修管理方案还需根据特定信号系统的历史故障数据，确定预维护周期及预维护范围，检修人员应按照维护管理方案的要求，对设备进行定期清扫、实时巡视。在掌握了设备运行状况后，定期更换设备元件，开展检修工作。

　　信号设备的具体维修体现为以下几个阶段，首先，应对故障排除时间进行确定，以最快的速度完成故障处理工作，以减小对运营线路的影响。其次，需要在轨行区完成维修工作时，维修工作中应禁止行车，保证安全。

　　排除故障的具体措施分为三级，一级维修是应用新的元件来对发生故障的元件进行替代。二级维修是在将故障设备进行替换后，对设备上的故障元器件进行集中维修，维修完成的故障设备经测试无异常，可进入备件库备用。最后是三级维修，很多的电子设备的故障是芯片级故障，需要对元器件的芯片进行替换，这类设备较为复杂，不能在现场维修，避免维修不当，再次发生故障，影响设备维护工作的效率。

　　综上所述，在轨道交通运行过程中，出现信号系统的故障会降低轨道交通运行效率，甚至造成经济损失，威胁人们的生命安全。

　　信号系统的维护管理应基于特定线路的故障经验及故障数据制定，以优先预维护、预维护与故障维护相结合的方式综合开展。另外，维护管理还需考虑维护人员的技能培训及维护工作的执行安全。合理的信号系统设备维护管理措施是轨道交通良好运行的基础。

第三节　智能交通计轴设备的维护

　　现如今，我国的社会经济飞速发展，科学技术也在不断进步，随着我国城市轨道交通的快速发展，信号控制系统在城市轨道交通中的地位也越来越重要，在现代的信号控制系统当中用于检测城市轨道空闲情况的设备最为常见的便是轨道电路和计轴系统。计轴设备是由现代计算机技术和传感器技术结合而成的，相比起轨道电路，计轴系统最大的优势就在于计轴设备的运行和轨道状况并没有关联性，因此计轴系统在国内的许多城市轨道交通中得到了广泛的应用。本节将针对城市轨道交通计轴设备的维护及故障处理措施展开初步的探讨，主要阐述了计轴系统设备维护工作和故障处理工作的内容和步骤，希望能够给我国城市轨道交通事业的发展提供一定的参考价值。

轨道电路作为信号控制设备有着区间闭塞、电气集中以及调度集中的特点，轨道电路对于列车运行的安全有着极为密切的关系，但是轨道电路很容易由于轨道电阻、分路电阻以及电气化区段牵引电流等原因而出现故障，极容易危及列车运行的安全性，而计轴系统是由车轮检测设备、运算单元组合、计轴点以及外部电缆连接系统组成的，其是利用计轴设备和传感器产生轴信号并进行处理、判别和计数的，这样一来不仅系统并不会受到轨道情况的影响，还能够有效提高列车信号的准确性以及可靠性，除此之外，计轴系统中的一个运算单元就能够连接至少 5 个计轴点，能够检测最长 42km 的轨道区段，可处理的列车速度高达 350km/h 的信息，性能极强。

一、计轴设备的维护工作

（一）计轴设备的检查工作

在开始实际的测量工作前需要先检查车轮传感设备的外部环境以及轨道连接箱内部的情况，检查双置传感器周围 0.5 米的范围内是否存在金属异物，如果有就必须移走，保证该范围内没有金属异物，然后还需要检查干燥剂袋子上的指示条，如果指示条呈现粉红色则需要更换干燥剂。

（二）计轴设备的调整和测量工作

首先，打开电源让运算单元和计轴点设备都开始运行；然后，对车轮传感设备进行检测，需要利用带频率测量的通用万用表和测试仪来进行检查，WDE 供电电压是对应室内电压减去电缆线路的损耗，WDE 供电电压值必须保证为 30VDC，如果先出为负数值则是由于轨道旁电缆的极性接反了，而外部供电电压的测量则应该在端子 10 和 11 的位置使用通用万用表来进行，AC22V-50V 或是 DC30V-72V，此外，WDE 工作电压值必须保持在 DC21.3V-22.4V 的范围内，发射频率 fs 应该调为 43kHz，标准电压 UR1 的设置则需要使用到 $0.6 \times 2.8mm$ 的螺丝刀来在信号发生器面板的 f1 调节口进行调节，设置在 5.3VDC-6.0VDC；最后，需要对运算单元以及放大触发板上的 f1 和 f2 调节口进行测试。

二、计轴设备故障处理工作

（一）对计轴设备的故障进行诊断

诊断需要从室内设备开始进行，首先需要获得目前的运行指示状态，然后利用 WDE 诊断单元来对运算单元 VESTI 放大触发板 F 和 U 测试口的信号频率 f1 和 f2 以及电压 Uf1 和 Uf2 来进行反复的测量，从而判断出计轴设备故障的原因，若信号频率和电压的数值都处于可允许范围之内，那就是运算单元出现了问题；如果信号频率的数值不在可允许范围之内便需要对车轮传感设备进行测试；如果电压数值不在可允许范围之内便需要对车轮传感设备进行测试，若测试车轮传感设备没有问题则需要测试传输线路。在对外部设备进行检车之前必须要先检查运算单元中相应的 BAPAS 带通滤波板上的保险，保证 WDE 的供电稳定。

（二）对故障进行处理

指示故障发生位置。在轨道空闲检测设备存在问题的时候系统会表示该轨道区段已被占用并提示操作人员，当操作人员确认了计轴系统发生故障之后便会通知维护维修工作人员前往该轨道区段进行故障处理工作。故障处理工作需要从室内设备先着手，首先，记录并判断目前设备的运行方式，若已经进行了计轴系统的复位操作也无法消除故障就必须要按压通道上的 AzGrH 按钮来开启统计功能，这样就能够统计数据并对数据进行评估，通常情况下可以通过测量信号频率来检测出计轴设备故障的原因。除此之外还可以在 VESBA 板上测量输出电压数值，若信号频率和电压数值都不在可允许范围之内就很有可能是运算计算机发生故障；如果只有电压数值不在可允许范围之内则需要检查计轴点设备，若计轴点设备没有问题就需要检查传输路线；如果只有信号频率不在可允许范围之内就需要检查计轴点设备的问题。在检查室外设备之前需要先检查 VESBA 板上的保险丝，同时还需要检查室内设备给计轴点设备的供电情况，在开始检查 ZP43E/V 计轴点的时候需要使用到测试适配板，通过适配板就可以直接使用万用表、测试仪或是 WDE 诊断仪等设备来测量计轴点的参数，获得了参数之后就可以直接和标准参数进行比较，从而得出故障发生的位置和原因，若发现电路板存在故障则必须进行更换。

综上所述，城市轨道交通计轴系统是使用计算机作为整个系统的控制核心，并利用健全的配套电路组合成计轴系统的运算单元，每一个运算单元都能够直接连接至少 5 个计轴点设备并且具有同时检查至少 2 个轨道区段的能力，还可以通过多个运算单元组合构成一个完整的计轴系统，从而有效保障了计轴点设备工作的稳定性、准确性以及可靠性。只有重视起城市轨道交通计轴设备的维护和故障处理工作才能够保障设备工作的准确性和可靠性以及延长设备的使用寿命，进而保障了城市轨道交通行车的安全。

第四节 智能交通工程施工设备维护

在经济不断发展的今天，许多城市都在建设轨道交通，使轨道交通作为当地交通的重要工具之一，从而推动交通事业以及社会经济的发展。更好地利用地下空间发展城市轨道交通工程，可以使空余资源得到充分的利用。因此应采取更为有效的施工设备维护维保模式，以提高地下空间工程质量。在城市轨道管理中，明确现阶段需要优化的地方，并且对较好的部分进行保持，从而使地下交通更好地服务于城市化进程，促进区域经济的发展。

一、研究城市轨道交通施工设备维保模式的意义

随着城市化进程的不断加快，人口数量也在不断增加，造成地上交通用地紧张，很多基础设施发展不够完善，出现了一些社会问题。在此背景下，需要利用之前没有充分利用的空间，比如地下空间。为满足城市人口的出行需要，现阶段需要解决交通拥堵、路上耗时过长等问题，为此需要提升技术，以便更多地开发地下空间。重视城市轨道交通施工设备的维护维保，可以提高城市轨道交通工程质量，使工程达到预期效果，更好地为市民服务。但一些地下工程并没有达到理想效果，就需要根据实际情况进行调整，提升工程质量。

二、城市轨道交通设备设施维修管理

（一）维修管理模式

在城市轨道交通设备维修管理过程中，要重视维修管理模式的构建。现阶段设备维修管理通常采用一级控制和三级管理的方式。一级控制是指施工的过程中，维修的时间、地点、人员等各种信息都要在控制中心的监管之下进行。三级管理是指施工过程中分别对部门、车间和班组进行三级不同的管理，从而保证实施过程中主体的责任和义务明确。

（二）维修方式

我国的城市轨道交通经过较长一段时间的发展后，已经形成了定期维修、状态维修和事后维修三种主要的维修方式。一般的施工过程中主要是进行定期维修、状态维修和事后维修或三者维修方式的结合，避免由于质量问题导致的交通瘫痪。在分析三种不同维修模式的过程中，可以从特点上进行区分。定期维修和状态维修是对事故进行预防性的检查，而事后维修是在出现问题后的及时调整。可以根据设备的故障情况以及使用需求，采用不同的维修方式。对于一些极容易出现问题的小零件，可以采用定期维修的方式；对于发生故障次数较少，但出现故障就危害较大的零件，可以采用状态维修的方式；对于一些发生故障次数较少，且故障情况不是特别严重的小零件，可以采用事后维修方式，减轻预防性维修的工作量。

（三）维修等级

在设备维护过程中，可以按维修等级以及保养周期，将其分为日常检查、周检、双周检、月检、季度性检查以及年检等不同的检测等级。在检测过程中，可以根据实际需要以及设备的特性来进行区分，选择最合适的维修等级维修以降低故障率。

三、设施设备维护保养模式分析

（一）车辆检修

在对车辆进行专业维修过程中，要将定期维修、状态维修和事后维修三种不同的维修方式进行结合。定期维修要按照规定好的周期进行定期检查，并结合车辆的实际行驶公里进行分析，考虑到地铁运行初期车辆的运行状态和人员素质都处于良好阶段，因此初期的车辆维保应以计划性检修作为主要检修方式。在维修过程中，要采用间隔周期比较短、修理安排比较密集的方式进行检修。此外，还可以根据车辆的实际运行情况以及行驶公里进行分析，对于占用工时较多、对车辆运行有严重影响的零件进行多次检修。配件检修可以实施委外检修的方式。而日常的计划性检修，要采用自助维修的方式确定车辆的使用情况。

（二）消防设备设施的检修

消防设备设施属于使用频率低但功能强的设备，由于地铁车站大部分是地下建筑，属于地下空间，而且人员密集。虽然消防设备的使用频率不高，但如果出现意外情况，消防设备设施是具有非常大作用的设备，因此检修过程中要提高对地铁消防设备设施的重视，确保其安全性与可靠性。检修中除了要重视消防设备，还要对火灾报警、自动灭火等消防系统进行检测。依据我国相关法律法规规定，消防系统的检测方要具备相应的资格，而且检修过程还要委托给具有相关资质的单位，从而确保消防系统的安全。

（三）供电设备检修

轨道交通供电系统主要包括主变电设备、车站变电所设备和接触网设备，对不同设备要采用不同的检修方式。由于主变电设备需要进行高压检修，因此需要委托给具有专业检修资质的机构进行检修，目前的维保市场已经比较成熟，可以采用委外维保的方式进行检修。车站变电所设备和接触网设备可以采用不同的方式，可以选择有专业资质的机构，采用委外检修的方式，也可以采用自主检修方式，但是检修过程应结合实际情况和运营单位的能力进行分析，选择最为合适的维保方式。

四、城市轨道交通工程施工管理措施

（一）加大先进施工技术和设备的投入

城市轨道交通工程在我国被划分为较大规模的建筑施工项目，施工过程中对相关机械设备和运输设备都有严格的规范要求。工程实施前，需要挑选一批具有专业知识的施工人员负责后续工程，并且确保这些工作人员具备操作先进设备的能力，施工中利用先进的机械化施工方式可以大大提高工程项目的施工效率和施工质量。

（二）绿色施工理念

城市轨道交通工程实施过程中，一定要贯彻执行绿色施工理念。工程开始前，承包工程的相关单位要对施工地进行实地考察，根据施工地区气候条件和地质环境这两个因素打造出一套科学合理的施工方案，并且选取与之相适应的先进机械设备。另外，施工过程中要确保不会对周围地区环境造成太大的影响，环境保护工作应在施工前做好相应的规划。由于施工过程中会产生一定的环境污染，因此为了使工程实施过程所需的资源能够得到充分利用，在材料方面要选择节能环保的原材料。

（三）合理规划施工时间

施工团队在接手一项工程时，必须对工程周期进行合理规划，这个周期由施工前期、中期和后期 3 个部分组成。在这 3 个阶段，施工团队应合理安排各个施工单位所需承担的任务，这样才能确保工程在规划时间内完成。一些施工团队没有对施工前期进行合理规划，出现了许多阻碍工程进度的问题。因此，为了确保工程团队每天都能完成规定的工作量，必须分派监督管理人员对每天所需完成的工程量进行定期检查。在施工过程中还要有一些相关的应急措施，以保证某个环节出现问题后有后续保障，避免拖延施工时间。

（四）控制施工成本

工程设计质量对工程成本的影响很大，因此在工程实施前要进行严格挑选。根据以往的经验，一份质量高的设计图纸影响着整个工程成本的浮动，有时也能在确保工程质量的同时减少工程成本。在选择工程所需原材料时要对材料和性能有一个基本的了解，这样才能选择出质量好、成本低的材料。相关部门监察人员在检查设计图纸质量时也要尽到自己的责任，确保设计图纸的科学性与合理性。

（五）工程施工涉及的各单位之间的沟通

城市轨道交通工程的顺利完成，不能忽视工程实施过程中各单位之间的沟通，每个部门及时将工作情况分享给各个部门，才能减少项目进行中出现的分歧。各部门之间经常沟通，不仅不会对工程进度造成阻碍，在一定程度上还可以提高工程质量。此外，为能在一定程度上使工程整体施工技术管理得到提升，需要工程涉及的施工单位的每个部门之间及工作人员之间及时沟通，并且它们之间应有一个系统化的管理制度。

通过对目前城市轨道交通工程施工现状以及存在问题的简要分析得出，城市轨道交通建设工程是一个复杂的系统性工程，在工程实施过程中一定要严格把控工程质量和安全生产。另外，城市轨道交通工程可以提高城市土地资源的利用率，方便人们的日常生活，促进区域经济的发展。

第五节 智能交通车辆设备全员生产维护

TPM(全员生产维护) 是以全员参与为基础，以自主管理为核心，以全系统的预防维修为过程，以追求设备综合效率最大化、实现设备故障和产品质量缺陷为零、营造绿色工作环境为目标的设备保养和维修管理体系，是一种现代企业管理模式，同时也是锤炼企业管理文化和团队精神的一种有效途径。

城市轨道交通车辆设备种类繁多，管理难度较大。列车自动清洗机和不落轮镟床等车辆设备使用非常频繁，传统的计划预防维修经常导致设备的过维修或欠维修，造成不必要的使用中断。为此，青岛地铁引入了 TPM 设备管理理念，并以列车自动清洗机为载体成功试行，取得良好成效。为总结和推广 TPM 设备管理经验，青岛地铁车辆部开展了基于列车自动清洗机和不落轮镟床的 TPM 管理体系搭建实践，形成了可移植推广的先进设备维修管理模式。

一、城市轨道交通车辆设备 TPM 管理体系搭建思路

城市轨道交通车辆设备 TPM 管理体系搭建是一项复杂、长期的系统工程，如何找到合适的切入点，选择适宜的管理内容，制定明确的管理目标，采取有效的管理方式是成功的关键。青岛地铁车辆部认真总结前期实践经验，创造性引入项目管理理念，将 TPM 管理体系分解为组织体系、制度体系、活动体系、评价体系 4 个子体系，分类实施、依次搭建。各子体系之间并非相互孤立，而是相互联系、相互支撑。首先搭建组织子体系，目标是构建符合 TPM 管理特点的领导管理团队和活动组织网络，为体系搭建提供组织保障；其次是搭建制度子体系，目标是制定管理规定和点检标准，为体系搭建提供制度保障；再次是构建活动子体系，目标是制定明确的活动内容及标准要求，为 TPM 活动规范开展提供指导和依据；最后搭建评价子体系，目标是建立明晰的考核与奖惩机制，对 TPM 管理推进与执行效果进行客观的评价。

二、TPM 管理体系搭建步骤

（一）成立组织体系

全员参与是 TPM 管理的突出优势与特色，因此，公司或部门负责人须全程参与，亲自挂帅，全面领导和推进。一旦决策引入 TPM 设备管理，首要任务是搭建 TPM 管理体系组织架构，制定各级组织的工作职责。

为搭建 TPM 管理体系，青岛地铁车辆部成立了 TPM 管理领导小组、工作小组及活动小组三级推进组织，各小组分别设立组长、副组长及组员，全面领导和推进 TPM 管理体

系搭建工作。

TPM 管理领导小组负责全面领导 TPM 推进小组开展工作，并进行整体部署；审核 TPM 各阶段实施方案；负责督促和检查日常 TPM 工作推进情况，协调、解决推进中存在的困难和问题，研究激发员工自主工作热情的管理方案，协调相关环节关系。

TPM 管理工作小组负责职工 TPM 管理宣传与培训，策划 TPM 推进方案，建立工作推进机制，指导 TPM 管理活动小组工作，检查工作开展情况，对 TPM 推行进行技术指导，解决现场推行困难的问题；组织收集设备运行信息，制定设备检修或改造方案；组织建立点检工作机制。

TPM 管理活动小组负责制定具体推进计划并按计划组织实施，指导 TPM 活动小组工作，检查工作开展情况。

（二）制定目标规划

目标规划是 TPM 管理体系推进的导向，是顺利达成目标的指引。为此，目标必须明确，定位必须精准，规划必须科学。

TPM 管理领导小组在对现状充分调查的基础上制定了 TPM 管理体系搭建的目标：搭建起基于列车自动清洗机和不落轮镟床的 TPM 管理体系，打造出 TPM 管理实践样板，全面提升综合利用率，列车自动清洗机提升到 85% 以上，不落轮镟床提升到 90% 以上。

（三）建立制度体系

管理制度是使 TPM 管理体系搭建过程制度化、标准化的有力保障。目标规划制定后，应着手制定和完善 TPM 管理体系搭建中的各项规章制度和标准，形成规范化的规章文件，使 TPM 管理体系搭建的各项工作和环节都能有章可循。

1. 管理规定

搭建 TPM 管理体系，首先要制定有关 TPM 的管理规章，形成 TPM 管理制度。TPM 管理工作小组组织编制发布了《车辆部车辆设备 TPM 管理规定》(以下简称"管理规定")和《车辆部车辆设备 TPM 活动管理规定》(以下简称"活动管理规定")。管理规定主要对组织管理、点检管理及"八大支柱"管理进行规范；活动管理规定与管理规定相辅相成，主要对日常点检、定期点检、单点课程、提案改善等 TPM 活动加以规范，进一步指导 TPM 活动小组或班组高效、规范地开展 TPM 活动。两大管理规定对 TPM 的实施制定了宏观和具体的实施目标与管理要求，规范了 TPM 小组活动，实现了 TPM 活动管理标准化。

2. 点检标准体系

点检是 TPM 工作的基础，是一种全员管理的形式，TPM 管理工作小组先后发布了列车自动清洗机与不落轮镟床日常与定修点检标准、给油脂标准、维修技术标准、维修作业标准，形成了完善的点检"四大标准"体系，为车辆设备实施以日常点检与定期点检为主体的点检定修制提供了标准支撑。

（四）确立 TPM 管理活动内容

TPM 管理主要有八项重点工作，也被称为 TPM 八大支柱，TPM 活动主要围绕"八大支柱"开展，分别为前期管理、自主保全、计划保全、品质保全、个例改善、事务改善、教育培训及环境改善。TPM 管理工作小组围绕"八大支柱"确立 TPM 管理活动内容，前期管理侧重于规范运营需求和参建要点，品质保全鼓励开展 QC(质量控制) 攻关和专题研究，自主保全和计划保全突出点检定修管理，个例改善侧重于提案改善，事务改善侧重于作业流程，环境改善侧重于实施现场点检目视化管理，教育培训侧重于推行单点课程和"四个一培训"(即每日一题、每周一练、每月一考、每季一赛)。

（五）构建活动体系

TPM 管理活动内容明确后，需进一步构建活动体系，制定明确的活动内容及标准要求，为 TPM 活动规范开展提供指导和依据，活动内容及标准进一步固化，各项活动的开展逐步形成常态化。

1. 前期管理

通过发掘设备设计缺陷、功能缺失、性能差、安装位置不合理等问题，整合提炼形成库区及设备运营需求及参建要点，在此基础上总结优化安装、调试、验收大纲，为后续线路的设备选型、库区建设、运营筹备等提供指导意见。

2. 自主保全及计划保全

在列车自动清洗机、不落轮镟床点检"四大标准"的指导下，正式实施列车自动清洗机、不落轮镟床的日常点检与定期点检，建成符合列车自动清洗机、不落轮镟床特点的点检定修制，全面提升洗车与镟轮的计划兑现率。

3. 品质保全

QC 攻关与专题研究是持续提升设备品质的有效手段。TPM 管理活动小组须结合日常检修与运用问题，积极实施 QC 攻关与专题研究，从而达到提升技术人员和操作检修人员的工作技能，降低设备故障率，全面提升车辆设备可靠度的目的。

4. 个例改善

个例改善是通过消除影响设备综合效率的故障、生产调整、突停与空转等带来的损失，最大程度发挥设备性能和机能的有效措施。TPM 管理活动小组着眼于列车自动清洗机洗车质量、清洗剂与水消耗、不落轮镟床镟修质量与镟修效率等实际问题，组织实施持续的改善活动，最大程度发挥设备的性能和机能，达到洗车用水用药经济化、镟修质量与效率最优化。

5. 事务改善

事务改善是通过对现行事务制度及事务手续进行研究改善，提高事务作业的效率，消除各类管理损耗，减少间接人员，改进管理系统，提高事务效率，是更好地为生产活动服务的有效手段。TPM 管理活动小组结合生产实际，对现行洗车、镟轮作业流程进行改善与优化，在班组推行积分排班管理，进一步提高内部事务操作和运行效率。

6. 环境改善

环境改善是通过提升工作环境、物资、设备、工具等的管理水平，达到降低成本、减少浪费、提高生产效率目的的有效举措。TPM 管理活动小组在工作区实施 6S 管理，在设备区推行点检目视化与库区目视化，营造友好型工作环境，提高设备检修便捷度。

7. 教育培训

"四个一培训"和单点课程是提高设备操作、维护人员技能的有效途径。TPM 管理活动小组逐步建立并固化"四个一培训"、单点课程培训模式，达到班组学习自主化、培训程序化，进一步提高维护人员专业技能。

（六）营造实施氛围

TPM 管理理念在维修模式、参与人员等方面都有别于其他传统的设备管理理念。为深入贯彻 TPM 管理理念，车辆部对部门管理岗、技术岗、生产岗逐级进行 TPM 理论培训，将全员参与落到实处。设立 TPM 专题宣传看板，将 TPM 相关知识和政策加以宣传、实时更新。通过全员培训以及自主学习与实践，使 TPM 管理理念扎根于部门每位员工心中，为 TPM 管理体系的搭建营造了良好氛围。

（七）建立评价激励体系

只有建立公开透明的评价体系，在活动中，对正面的加以激励，对负面的加以考核，才能更好地推进 TPM 管理体系的搭建工作。TPM 管理体系完成初步搭建后，TPM 管理领导小组严格按照《TPM 管理评价与奖惩实施办法（细则）》对 TPM 管理执行情况进行评估，实时监控 TPM 管理运作状况。TPM 管理工作小组根据 TPM 管理年度工作目标和工作计划，组织实施 TPM 管理专项评估。评估通过后，TPM 管理工作小组及时总结提炼好的建设经验和工作方法，不断完善运作管理制度，为 TPM 管理的整体升级奠定坚实的基础。

三、实践效果

初步完成基于列车自动清洗机、不落轮镟床的 TPM 管理体系的搭建。通过评估，列车自动清洗机及不落轮镟床的综合利用率分别超过了预定的 85% 和 90% 的目标。为更加直观地验证 TPM 管理实施效果，特以列车自动清洗机综合利用率的提升为例进行分析。

（一）列车自动清洗机综合利用率

1. 可用率

通过实施日常点检，取消了原来需停机两天的月检，将点检分散到每天的洗车间隙中。列车自动清洗机的可用率由原来的 91% 上升为 100%。

2. 表现指数

2017 年全年计划洗车 900 列次，因列车自动清洗机故障、电客车临时转轨、配合正线演练、天气影响等原因，实际洗车 759 列次，表现指数为 84%。通过日常点检、定期点检的实施，列车自动清洗机故障率显著降低。截至 2018 年 7 月中旬，计划洗车 508 列次，实际洗车 464 列次，表现指数为 91%。

3. 质量指数

根据"任意 10 cm² 面积内，点、块状水渍不得超过 3 处，任意一块玻璃残余流水状污渍不得超过 2 条"的验收标准，2017 年洗车 759 列次，合格 699 列次，质量指数为 92%。通过开展改善列车自动清洗机洗车质量 QC 攻关活动，洗车质量明显提高。截至 2018 年 7 月中旬，洗车 474 列次，合格 455 列次，质量指数为 98%。

（二）不落轮镟床综合利用率

不落轮镟床的综合利用率由原来的 75% 上升为 93%。

TPM 管理体系在列车自动清洗机及不落轮镟床上的成功搭建，为探索更加科学合理、独具特色的设备管理模式提供了参考。后期可以将 TPM 管理体系搭建推广至固定架车机、立体仓库等其他城市轨道交通车辆设备，完成城市轨道交通车辆设备全覆盖，以实现城市轨道交通车辆设备检修作业更加标准、检修现场环境更加友好、班组管理更加规范、设备运用更加可靠的目标。

第六节　智能交通通信系统设备的运营和维护

国内城市轨道交通建设经过多年的高速发展，其里程数、车站数和线路数在不断地增加，一线城市的大规模城市轨道交通网络逐渐形成。通信系统作为城市轨道交通运营的重要技术保障和支撑，其系统的运营和维护在此背景下面临着新的机遇和挑战，需要结合自身优势和当前形势制定运营和维护策略，以网络化、集约化思维对城市轨道交通通信系统进行系统性的管理规划、优化业务体系和人员组织，以期有效地支撑城市轨道交通大规模网络化运营的开展。

随着近 20 年的城市轨道交通的大发展，国内有的特大城市的城市轨道交通（以下简称"城轨"）运营线网总长即将达到 800 km，对整个城轨的运营和维护（以下简称"运维"）的要求也随之不断提高，直接支撑乘客服务和城轨运维数据交互的各类通信系统紧随大规模网络发展的步伐而发展，通信系统设备的软硬件种类和数量大幅增加，组网结构和业务流向日趋复杂;同时随着通信技术的高速发展，新技术、新设备不断被城轨建设所采用，对维护人员的要求也在不断提高。据此，有必要对城轨通信系统在当前大规模网络运营下面临的问题和挑战进行深入的评估，并对在此背景下的城轨通信系统布局和运维策略进行研究。

一、大规模网络化运营下城轨通信系统的变化

城轨通信系统一般由传输、专用无线、专用电话、公务电话、技防、信息、广播、导乘、时钟、电源、光电缆等子系统组成，在建设初期一般以线为单位进行建设，各通信子系统以满足单线路运营需要进行布局配置；随着线路的增加，各线路通信系统进行了有限的互联互通，以满足统一管理的需求，但原有的单线布局架构并未改变。随着大规模城轨网络化运营的发展，网络化、集约化管理的要求大幅提高，同时为了发挥城轨大规模网络化的规模优势，通信系统的各子系统进行了重新布局和配置，触发了通信系统的系统架构、技术要求的变化。

广播、导乘由两个互相独立的子系统向系统融合方向发展，打破既有单线布局的系统架构，有形成路网级多媒体影音系统的趋势。其深度标准化系统的内外部接口协议及类型，使用通用硬件平台来构建核心架构。

专用无线、公务电话、专用电话、信息等子系统由单线布局、业务互通向路网级集中交换转变，以路网级交换核心替代每条线路的自建交换核心，依托上层骨干传输系统实现业务数据交互，以异地的核心设备冗余配置和骨干传输环网保护实现各子系统的可靠运行。

技防子系统由单线布局、全网互联向充分网络化的扁平架构转变。以视频监控系统为主体的技防系统目前正处在由模拟系统向高清系统过渡的阶段，由模拟摄像机、矩阵、硬盘录像机、编解码板、光端机等组成的视频监控系统向由高清摄像机、网络交换机、存储服务器和上层软件平台等组成的高清视频监控系统转变，以满足在应对大规模网络运营时上层用户对视频资源的调用需求，同时为后台人脸识别、客流分析、乘客行为分析等的应用提供高质量的数据源。

电源、光电缆、时钟、传输系统作为基础资源由单线布局、有线网络化向覆盖全网、规格统一的规模网络化转变。

二、大规模网络化运营带来的挑战

组成城轨通信系统的传输、专用无线、专用电话、公务电话、广播、导乘、技防、时钟、电源、光电缆等十余个子系统，由于建设时期不同，所采用的技术标准和集成架构也有较大差异，其设备的种类、品牌和数量众多。随着城轨大规模网络的形成，跨线路的业务需求不断增加，路网级的通信数据交互越来越多、越来越重要，使通信运维面临多维度的挑战。

系统可靠性要求大幅提升：在大规模网络化背景下，每日客流均以百万人次计，运营压力巨大。通信各子系统在行车调度、车站运营组织、各类运营信息发布、各类核心数据交互上发挥着重要作用。在集约化、核心化、平台化的管理模式下，支撑线网级运营的集中管理平台的投用对通信系统资源依赖度进一步增强，同时随着线网级 LTE-M（地铁用长

期演进）核心网、软交换核心的投用对传输、电源、时钟、光电缆等通信承载资源的可靠性提出了更高要求。

难以全面精准把握设备状态：城轨通信系统设备数量众多，每个车站、段场、控制中心以及轨行区均有通信系统设备的部署，已延伸到城轨的各个角落；其各子系统设备、固定和移动终端的设备数以万计，对设备状态的评估需整合上百套网管数据和数千次维护人员的现场巡视反馈才能实现，工作量巨大且不能及时精准地实时监控所有设备状态。

故障复杂且影响范围大，需多部门协同：随着城轨线网规模逐渐扩大，跨线路业务逐渐增加，通信系统拓扑结构也随之变化，逐渐从线状结构向网络化结构转变；线网级核心系统的集中交换和主备冗余机制使数据业务流进一步复杂，增加了故障判断的难度；故障现象发生的位置和故障点在物理位置上可能跨线、跨专业、跨区域，可能分属不同部门管辖，故在故障排查的过程中需要多个部门协同进行，影响了故障排查效率。

设备标准和规格不统一：大规模网络化的城市轨道交通系统并非一日建成，需跨越十几年甚至几十年地逐线逐段建设开通。即使在建设初期进行了较为长远的顶层规划，但随着形势的不断变化、新需求的不断增加、技术的高速发展以及产业链供应商的新老更替，城轨通信系统设备标准、品牌、规格的不统一使当前大规模网络化运营下的规模效应未能充分转化为效益，掣肘了集约化、智能化管理的发展和实施。

对维护人员能力要求较高：为了达到人员和设备能效的最优配置，城轨维护人员和设备的配置逐渐趋向集中，专用无线、专用电话、公务电话、信息等通信系统的子系统逐渐向核心化发展，依托覆盖全线网的传输系统实现业务的核心交换处理。城轨通信系统各线、各子系统的关联度更高，系统和网络规划更为精细，要求城轨维护工程师对整个城轨通信系统有深度的认识和理解。可以依托各专业系统平台对城轨通信系统进行状态评估和分析，在系统级故障处理时应具备全局意识和缜密的逻辑思维能力，可组织跨专业、跨线路、跨部门排查确认，在全网范围内定位故障点。

三、大规模网络化运营带来的优势

城轨形成大规模网络化运营后，在覆盖全网的城轨通信系统体量大幅提高的同时，城轨通信系统在人才、经验、知识等方面有了深厚的积累，以城轨大规模网络化运营为平台，在新的高度上助力通信系统新一轮的发展，也可使城轨通信系统的运维工作得到进一步的提升。

整体规划、统一布局，降低建设和运维成本：城轨形成大规模网络化运营时，线网规模和设备体量均达到了较高水平，积累了大量运维经验和人才储备。以大规模的城轨网络为平台，有条件从运维模式、需求整合、技术架构、战略合作等多维度进行科学务实的顶层规划和布局，以最大限度地发挥规模效应、优化系统结构，以提高运维组织效能。

个性化的用户需求逐渐趋向统一：在城轨大规模网络化运营逐步形成的背景下，运维企业管理日趋统一化、标准化、集约化，原本各条线路根据自身习惯提出的用户需求逐渐被汇总统一，使专用电话、专用无线、广播、导乘、技防等子系统的功能和操作界面标准化，逐渐形成一整套匹配运维企业管理运维模式的标准和软件体系。

组建战略合作，形成城轨通信业务生态圈：在大规模的体量优势下，可与轨道交通通信行业内的一线企业建立战略合作关系，形成战略合作伙伴群，以充分发挥规模效应、降低城轨运维成本；并引进业内前沿技术和理念，共同研究城轨通信系统的发展趋势，共同制定各通信专业的系统架构和技术标准，以形成城轨通信业务生态圈。

发挥经验和能力的积累，提升对外经营潜力：随着城轨大规模网络化运营背景下系统体量的增大，通信各专业子系统业务逐渐网络化，复杂性大幅增加，测试评估要求也相应提高，传输、无线、视频等专业逐渐形成专业团队，实现对关键业务的专业化管理；同时在一些局部整治和维修需求的触发下，逐步形成了一定的软件开发、自主集成和自主维修的能力，与城轨大规模网络化运营背景下的通信系统运维经验一起，形成可实现对外输出、对外经营的核心竞争力。

物资、备件和业务资源集中管理调配，提高资源利用率：在大规模网络化运营的背景下，可以打破线路和专业界限，对通信系统的各种物资、备件进行梳理归类，统一其仓储管理和调配，形成高效的线网级资源共享，以提高利用率、降低呆滞率。

四、城轨大规模网络化运营下通信系统的运维策略

为了应对城轨大规模网络化运营形成后带来的挑战，需从顶层全局视角调整运维管理结构，设计构建符合城轨大规模网络化运营背景的通信系统运维的系统架构，明确各子系统的技术演进发展方向，从指导思想、系统管理规划、业务体系优化和人员组织优化等做细化研究，并形成规划和行动路线图。

（一）由单线思维向网络化思维转变

城轨在形成大规模网络化运营之前，通信系统一般以线为单位进行建设、运维和更新改造，本线路的资源仅供本线路使用，同时本线路发生的问题一般也可以自主解决。随着匹配城轨大规模网络化运营的技术不断地被引入和使用，各种软硬件资源形成资源池以供全网络使用，同时发生许多问题的表象和原因点因在物理位置上分离较大，故需要在全网内协同处理解决。由此，城轨通信系统的建设、运维和更新改造需要有与城轨大规模网络化运营相匹配的指导方针，即由单线思维向网络化思维转变。

（二）系统管理规划

步入城轨大规模网络化运营的城轨通信系统，其规划有别于从无到有的新线建设式的规划，应当在当前形势背景下，总结自身运营需求和运维经验，以集约化、通用化、扁平化、智能化为导向，以网络化思维研究明确各通信子系统的功能定位、技术演进方向和架构；并结合当前系统现状和资金成本，匹配更新改造周期，逐渐通过更新改造将既有线路

的各通信子系统完全纳入到符合城轨大规模网络运营背景下通信系统运维的架构中。

城轨通信系统需打破原有单线系统的模式，形成线网级一体化架构，增强顶层平台管理能力，增强终端侧设备通用性，以期实现最大程度的统一管理和资源共享。依托覆盖全线网的传输网络实现"云、管、端"的扁平化结构。以全局化、专业化方向培养核心工程师团队，实现对"云、管、端"架构的通信系统运维。

传输、信息、时钟源、光电缆、电源等资源型子系统，宜规范技术标准和规格，限制品牌、型号的种类，并设置管理平台进行统一管理。专用无线、专用电话、公务电话、导乘、广播、技防等业务子系统向"云+端"的双层结构发展；对专用无线、专用电话、公务电话等专业化较强的业务子系统，研究确定技术演进方向，实施阶段限制 2～3 种品牌，以实现跨品牌的核心和终端的互联互通；导乘、广播、技防等集成子系统应考虑结合运维需求开发自有软件，核心侧依托数据中心资源，终端侧使用通用硬件集成。

（三）业务体系优化

城轨大规模网络化运营背景下的通信系统应当以业务不中断、用户无故障感知为优化目标，做到冗余配置到位、预警机制完备、故障的快速诊断手段充分、故障处置迅速。

支持城轨大规模网络化运营的通信系统应具有高可靠性，且集约化、核心化的系统架构要求核心侧设备能承担全网的业务处理和数据交换，其对可靠性的要求尤为突出。适度地在关键位置提高系统冗余度，在兼顾经济性的同时可大幅提高系统的可靠性。应实现全网络系统核心设备异地冗余，根据系统特点采用主备热切冗余或业务分担冗余，非核心侧设备则对关键设备、板卡和业务进行 1+1 或者 1+N 冗余，同时配置多条数据交互路由。

预警机制完备、故障快速诊断和处置的基础是需要充分了解故障现象和当前设备状态，结合工程师对各通信子系统的了解、运维经验和逻辑分析，做出正确的诊断和处置。可喜的是，通信各子系统的网管是较为完善的，在单线运维的情况下，强大的网管系统和本线路的工程师可以快速地诊断和处置故障，当发展到大规模网络化运营时，故障处理时需要综合多套网管的信息，外加人工排查才能较为全面地了解当前设备状态，但能综合这些信息进行故障分析、处置的工程师凤毛麟角，这就大大拖延了故障诊断和处置时间。在城轨大规模网络化运营背景下，应建设一套可以跨线路、跨系统的智能运维平台，采集汇总当前设备状态，以便在第一时间可预警故障、提示故障区域和影响范围，通过一定时间的经验数据积累，可逐步实现故障的及时预警、精确快速定位，并提供有效的故障弱化和处置建议。

（四）人员组织优化

随着城轨大规模网络化运营的发展，人员组织应打破原有线路为单位的维护团队模式，人员配置由单线向分层转变；分层建设调度协调团队、专业技术团队、现场保障团队和数据分析团队，形成分层配置、顶层主导的维护人员组织架构。调度协调团队负责依托智能运维平台实时监控全网系统运行状态，协调与横向单位的工作协作，负责调配人员、物资和车辆，监控维护和排故作业，接报和闭环确认故障；专业技术团队可按专业分类组建，对本专业进行深入研究，依托本专业系统平台实现对系统状态的监测和业务配置调整，根据系统状态制定修程修制，负责系统性故障处理，指导和支持现场保障团队开展维护和排故作业；现场保障团队负责终端设备维护、维修，负责通信机房的巡视工作，配合专业技术团队处理系统性故障；数据分析团队依托智能运维平台对各专业子系统的告警、状态和性能数据进行大数据挖掘分析，与专业技术团队一起优化故障诊断、处置流程和方案，不断升级智能运维平台算法。

城轨通信系统作为覆盖范围最广、技术更新最快的城轨业务系统，是城轨运营的重要技术保障和支撑，依托大规模网络化运营的平台优势以及伴随城轨发展积累的人才、经验和知识储备，在对整个运维体系进行务实的系统规划、合理的组织优化以及适时的统筹调整下，必然可以在当下和未来实现集约高效的系统运维，助力城市轨道交通大规模网络化运营实现安全、有序、高效的目标。

第七节　智能交通全自动运行列车日常维护

与常规的城市轨道交通列车相比，全自动运行列车的列车控制系统、乘客信息系统等功能有了进一步的加强，司机室布局也因适应全自动运行的要求而有所调整，新增的空开远程自动复位功能则代替了司机的部分工作职责。障碍物探测及脱轨监测设备、弓网监测设备、烟火报警设备的应用，使得全自动运行列车的安全性得到了大幅的提高。针对上述变化对列车的维护保养工作进行了分析和阐述，并根据各项功能的特点和结构制定了相应的维保方案。

自 1981 年 2 月第一个真正意义上完全实现全自动运行的轻轨项目——日本神户港岛线开通投入运营开始，国外对全自动运行列车的研究已经经历了很长的发展过程，并且形成了规范化的标准。2006 年发布的 IEC-62290-1 标准从定义、原理和主要功能等几个方面对城市轨道交通管理与指令 / 控制系统予以规定。2011 年该标准的第二部分 IEC-62290-2 发布，对列车运行功能、运营管理和监视功能进行了进一步的细化。

2009 年发布的 IEC-62267 标准对轨道交通自动化运营的安全性要求做出了规定，该标准的第二版 IEC/TR-62267 于 2011 年发布，对司机室或列车上没有乘务人员时可能引起的安全问题制定了处理措施。

基于 IEC-62290-1 和 IEC 62267 的相关规定，我国在 2016 年发布了国标 GB/T 32590.1—2016《城市轨道交通运输管理和指令 / 控制系统第 1 部分：系统原理和基本概念》和 GB/T 32588.1—2016《自动化的城市轨道交通（AUGT）安全要求第 1 部分：总则》。在 GB/T 32590.1—2016 中，城市轨道交通列车的自动化等级按列车运行时人员和系统所承担的基本功能与责任被划分为 GOA0（人工列车运行）、GOA1（非自动化列车运行）、

GOA2(半自动化列车运行)、GOA3(无人驾驶列车运行)、GOA4(无人干预列车运行)5个等级。列车达到GOA3及以上级即可被视为实现了全自动运行。GOA3下需要随车人员干预列车投入或退出运营,监控列车运行状态,并负责列车的安全监控和应急管理,而GOA4下所有操作均由系统自动完成。

截至2018年,全球以GOA4开通运营的城市轨道交通项目累计总长度约913 km。其中,我国约有80 km,包括1996年开通的台北文湖线、2010年开通的广州APM(自动旅客运输)线、2016年开通的上海轨道交通10号线和香港南港岛线东段以及2018年开通的上海轨道交通浦江线。可以看出,我国全自动运行轨道交通项目的发展并不快,开通的运营线路长度和投用的列车数量也整体偏低。由于全自动运行列车在功能和安全性方面比常规城市轨道交通列车复杂度更高,其日常的维护与保养(以下简称"维保")工作在具体内容和侧重点上会作相应的调整。本节将就全自动运行列车与常规的城市轨道交通列车在维保过程中的主要差异点进行讨论,以期为后续开通的全自动运行项目提供参考。

一、全自动运行列车的功能需求及维保方案

结合GB/T 32590.1—2016中的功能要求以及既有全自动运行轨道交通项目的实际运营情况,与常规的城市轨道交通列车相比,全自动运行列车主要在列车控制系统、乘客信息系统、司机室布局方面、空开远程复位等方面有所修改,或强化了相关功能。

(一)列车控制系统

常规城市轨道交通列车的控制系统的运行监控功能主要是记录列车运行过程中的各类关键信号,用于列车故障的事后分析。全自动运行列车的控制系统则更加智能化,强调对所有列车信号的实时监控,将数据同步传输至OCC(运营控制中心),并根据监控到的实时数据自动判断列车的故障类型。这无论是在列车信号的记录量和时效性上,还是列车故障判断的快速性上都有了质的提升。

保证全自动运行列车控制系统工作稳定性的关键在于确保列车与地面设备、OCC之间通信的持续顺畅,设备状态始终保持在良好状态。相应的维保方案为:

每月对列车MPU(主处理单元)、VCU(列车控制单元)、EVR(事件记录仪)中的故障记录进行下载,检查故障记录是否存在缺失;

每月对MPU的系统时间进行检查和校准,确保其误差不超过10 s;

每6个月对MPU、VCU与列车网络通信设备的各个接口进行检查,确保接口无松动。

(二)乘客信息系统(PIS)

常规城市轨道交通列车的PIS允许乘客在紧急情况下通过设置在客室内的PECU(乘客紧急通信系统)与司机进行沟通。部分列车能够将客室监控画面传输至司机室,司机可根据需要选择相应的摄像头并查看客室内的情况,各个客室摄像头的画面也被存储下来以备使用。全自动运行列车的PIS可直接向OCC实时传输列车客室的监控画面,当有乘客

激活 PECU 或紧急制动拉手时，OCC 会直接收到警报信息并自动切换到相应的摄像头画面。OCC 可根据现场情况直接向乘客发出报警或疏散信息，乘客也能够通过 PECU 直接与 OCC 进行通话，从而更有利于紧急情况的快速处理。

针对全自动运行列车 PIS 的功能特点，制定维保方案如下：

每 3 个月使用刷子或真空吸尘器对 PIS 主机的机架连接件及导线的灰尘进行清洁；

每 3 个月使用软布对 DACU（司机控制器）和 SCU（车厢音频通信单元）进行擦拭清洁；

每 3 个月使用软布蘸中性洗液对 PECU 进行擦拭清洁；

每年使用模拟设备对 PIS 进行 OCC 通信模拟测试；

每 5 年使用毛刷或真空吸尘器清洁所有的扬声器。

（三）司机室布局

常规城市轨道交通列车由于需要司机在司机室中驾驶或监护列车运行，故司机座椅采用结构较为稳固的固定式座椅，司机室与客室通过司机室隔间门予以隔离。全自动运行列车则取消了司机室隔间门，并将司机室座椅替换成可折叠式座椅，平时收进司控台下方，仅在紧急情况下展开使用。

对于全自动运行列车的司机室，不必再对隔间门锁和固定式司机室座椅进行定期检查，转而需要每月对折叠式座椅的坐垫和靠背是否损坏、转动轴功能是否正常、导轨抽放是否顺畅、座套有无丢失等方面进行检查。

（四）空开远程自复位

常规城市轨道交通列车电气柜中的空开均为手动控制断合，而全自动运行列车则能够在故障已排除的情况下由 OCC 通过控制设置在空开下方的自动复位装置进行远程复位操作，实现部分列车故障的远程处理。

远程自动复位装置的维保方案为：每 3 个月对带自复位的空气开关进行测试：空开断开后 DDU（司机显示单元）应能正确显示，并能够通过 DDU 上的复位按钮进行复位。

二、全自动运行列车的安全要求及维保方案

全自动运行列车由于在列车的运行控制、线路监控、乘客监控、安全监控以及应急管理等方面均全权交由系统来自动执行，故在安全性方面有着更加严格的要求。为了实现安全性的提升，全自动运行列车通常都会安装障碍物探测及脱轨监测设备来应对轨道风险，安装弓网监测设备控制弓网风险，使用烟火报警设备降低火灾风险。

（一）障碍物探测及脱轨监测设备

障碍物探测设备的主要功能是列车运行过程中与轨道上的异物发生碰撞或即将碰撞时自动触发列车的紧急制动功能。脱轨监测功能则为当列车出现脱轨情况时，可自动施加列车紧急制动。这 2 个设备共同承担了常规城市轨道交通列车中司机人为观察确认轨道安全

的职责。

目前国内还未有全自动运行项目同时安装障碍物探测及脱轨监测设备的例子。上海轨道交通 10 号线的列车安装了机械接触式障碍物探测设备；北京交通大学的梁少喆根据北京燕房线全自动运行列车的设计要求，设计了一种 ODD（障碍物及脱轨检测）设备，同样采用机械接触式，兼具了障碍物检测和脱轨监测的功能。未来可能会将可视化方案、红外线、雷达等技术的障碍物探测设备运用于全自动运行项目中。尚在生产线上的上海轨道交通 14 号线列车除了具备障碍物探测设备外，还将安装带有脱轨监测功能的走行部车载故障诊断系统。

机械接触式的列车障碍物探测设备由于已经有了使用实例，结合实际运营情况制定其维保方案如下：

每月检查接线盒及其紧固件，确保外观完好、无裂纹，各紧固件无缺失或松动；

每月检查障碍物探测器支架与构架间装配螺栓、接线盒与支架间装配螺栓是否有缺失或松动；

每月检查障碍物探测器横杆及紧固件是否损坏、缺失或松动；

每 3 个月测量并调整障碍物探测仪距离轨面的高度，使其保持在 115 ~ 120 mm；

每年使用专业测试设备对障碍物探测器的触发行程进行一次测量和调整。

对于非接触式障碍物探测装置及脱轨检测，需要根据其实际结构和安装位置来制定相应的维保方案，由于目前还未有使用实例，故暂不讨论。

（二）弓网监测设备

常规城市轨道交通列车极少加装弓网监测设备。而对于全自动运行列车，由于采用无人值守的列车运行方式，故需要对受电弓的状态进行严密的监控，一旦出现异常情况立即远程控制停车。所以，弓网监测设备在全自动运行线路中是必不可少的。根据弓网监测设备的构成及工作环境的特点，制定其维保方案如下：

每月检查摄像头镜头及防护罩，清除积灰和油渍；

每月检查照明装置，确保其工作正常，并清除积灰和油渍；

每月检查设备箱及其支架外观是否损坏，紧固件是否缺失或松动；

每月检查接线及连接器是否松动；

每月使用测试软件检查摄像头云台、视频编码系统及软件、硬盘录像系统是否运作正常，下载监控录像检查弓网状态是否有异常。

（三）烟火报警设备

烟火报警系统同样只在全自动运行的列车上予以配备，通常由烟温复合探测器和感温电缆组成。其功能为通过安装于列车车厢顶部的感应器检测车厢内是否有明火或烟雾。一旦检测发现明火或烟雾，列车将会自动停车。

烟火报警系统的维保方案可按以下内容进行：每天对该系统的各个部件进行外观检查；

每月使用热风机从探测器的侧面给探头吹热风，使探头周围空气温度升高，测试探测器是否有报警动作；每月使用喷烟枪对准探测器喷烟，使探头周围烟雾浓度增大，使探测器报警；每两年对感温电缆采用断开终端电阻器的方式检测列车是否有故障显示，并采用短接终端电阻器的方式检测探测器是否报警。

（四）列车线束

除了上述几个关键安全设备需要定期进行维护外，列车线束的健康状态同样值得关注。目前大多数常规城市轨道交通列车通过大量使用继电器构成列车运行的逻辑控制系统，用于传递控制信号。而全自动运行系统由于需要对所有的列车信号进行监控，导致继电器和信号线的数量剧增，列车线束的直径随之提高了数倍，出现线束间互相摩擦，线缆与线槽、支架摩擦导致线缆磨损破皮的风险也大大增加。

使用 LCU（逻辑控制单元）替代继电器来实现列车运行的控制功能，可以很好地解决这个问题。但对既有项目进行大批量的 LCU 改造从成本上看不太现实，仍需要针对列车线束制定合适的维保方案，以降低风险。主要的维护方案为：每年对线束折弯处、进出线槽处进行重点检查，排除摩擦磨损情况，更换损伤的扎带、尼龙包布、单面胶皮以及线束等。

本节基于城市轨道交通全自动运行列车在关键功能和安全方面的要求，对列车维护工作的改进进行分析，并制定了相应的维护方案，可为未来的全自动运行列车项目的维保工作提供参考。

第五章　智能交通领域物联网运营管理

第一节　智能交通运营管理创新体系

为解决城市交通堵塞，给城市居民提供一个良好的出行环境，智能交通得到极大的发展，本节对智能交通运营管理创新体系进行深入的研究，提出可靠的构建运营管理创新体系的建议，以期为智能交通的发展以及城市化进程的推进提供有力的帮助。

智能交通是城市建设的主要内容之一，对城市的交通服务功能和质量起到至关重要的作用。为了更好地促进城市发展，提升城市功能服务质量，为城市居民创建一个良好的城市生活环境，要对智能交通运营管理体系进行创新，使其运营管理更加科学合理，通过运营管理带动智能交通的发展和进步，提高智能交通的服务质量，这对城市的发展建设将起到非常重要的促进作用，对我国社会经济的长远发展也具有积极的意义。

一、构建运营管理创新体系的重要意义

（一）构建运营管理创新体系满足了城市管理科学化水平提高的客观要求

智能交通已成为城市建设的关键要素之一，是促进城市功能正常运行、提升城市服务质量的重要组成部分。一个城市的轨道交通运营质量，往往决定了这个城市整体的科学管理水平。在建立"安全社会共管"的理念之下，智能交通运营企业要将地铁和城市公共安全管理体制进行有机的结合，从而创新城市公共生活空间服务质量和水平，实现管理机制社会化，促进城市管理的科学化发展。

（二）构建运营管理创新体系是突破管理瓶颈实现网络化运营转型的必要手段

随着网络的发展和普及应用，在运营管理方面，也受到极为深刻的影响。从传统运营管理向着网络化运营管理进行转型，必然会面临很多瓶颈，而创新运营管理体系，更好地满足乘客的交通需求，对网络化运营模式进行深入的探索，将是解决运营管理转型瓶颈的重要方法，也是促进智能交通运营管理水平的进步和发展，并实现创新的重要手段。

（三）构建运营管理创新体系可以培育企业的可持续发展能力

智能交通的发展，得益于乘客对出行质量提出新要求。智能交通企业为在市场竞争中占据优势，因此需要更好地满足乘客对出行质量的需求，进而加强对智能交通的建设，促进智能交通的不断进步。在这一过程中，智能交通企业需要对长期利益和短期利益、公益性和营利性、企业与员工的成长不断地探索，促使其平衡发展，这是维持智能交通企业可持续发展的根本。而构建运营管理创新体系，新的理念、体制、机制和服务，能够有效兼顾智能交通企业的公共性和经济性、趋势性和阶段性的平衡发展，还能够促进利益向着实现多元化导向，为企业的发展提供强而有力的支撑。

二、运营管理创新体系的构成方法

（一）在理念方面的创新

1. 坚持以人为本的运营管理理念

坚持以人为本，是运营管理创新体系中最高的价值取向，也是智能交通发展的根本导向。所谓以人为本，就是需要进行换位思考，要以尊重、理解和关心乘客为基本原则，以不断满足乘客的出行需求为基本出发点。智能交通的根本就是为乘客提供便捷的出行服务，并且不断满足乘客的出行需求，这是智能交通发展建设的根本。因此，其运营管理创新体系不能与这一根本相冲突，而是要以此作为基础，建立起以人为本的核心运营管理理念。此外，在满足乘客出行需求，提供便捷服务的同时，还要不断提高出行舒适度，提升智能交通的服务品质。

2. 坚持网络统筹理念

网络统筹理念就是充分利用网络资源进行运营管理，同时还要对网络化运营的特性进行深刻的认识和分析，同时利用网络源集约化、网络功能优化和网络系统的开放性，使智能交通运营管理的效能得到有效的提高。此外，还需要利用网络资源、功能和系统，构建开放和谐的智能交通系统，创建良好的智能交通环境。

3. 坚持安全第一理念

安全第一是以人为本理念的重要内容，也是智能交通建设最基本的理念和最重要的支柱。坚持安全第一理念，以预防为主，利用运营管理手段，切实地对智能交通实施安全管理，提高智能交通的安全性，建设安全的智能交通运营服务。

（二）体制创新

1. 公益性与适度市场化两种管理体制相结合

智能交通是城市基础设施建设的一部分，因此既具有公益性，同时也具有经济性，要促进两者的平衡，促进智能交通的和谐发展，就需要将公益性管理体制与适度的市场化管理体制结合起来，从而既能够强化成本效益，减轻政府财政压力，同时还能够满足乘客出行需求，提高乘客满意度，为社会服务。

2. 网络和企业两种管理体制相结合

智能交通网络极为复杂，既成为一个整体，又可分为多个不同的部分，而且各个部分彼此联动，因此在运营管理过程中，需要构建网络运营管理。企业管理体制是网络管理体制的重要组成部分，需要在网络管理体制的基础上，合理设计企业管理体制，达到局部服从整体的效果，提高网络的联运和高效两方面的性能。

3. 地铁与城市公共安全管理体制相结合

智能交通是城市公共服务设施的重要组成部分，因此，对地铁的管理体制与城市公共安全管理体制密切相关。在构建运营管理创新体系的过程中，要将地铁管理体制和城市公共安全管理体制进行有机结合，从而有效保障地铁的安全运行，为社会提供安全的轨道交通服务。

（三）机制创新

1. 实现管理集约化

对智能交通进行集约化管理，是构建运营管理创新体系的重要内容之一。这是为了适应网络化运营阶段的运营格局而发展起来的，管理集约化能够有效地发挥出网络化管理以及轨道交通网络系统运行的关联功能，从而实现标准化管理，统一业务运行标准规范、运营维护计划和资源配置要求，实现网络化运营管理的统筹、协调和控制，保证智能交通网络系统的正常和高效运行。

2. 实现管理扁平化

扁平化管理能够使智能交通更加适应网络化运营模式，同时还能够使管理幅度得到适当的增加，减少管理层级，提高管理效率。扁平化的管理组织形式和传统金字塔形管理组织形式相比，对信息的传递效率更高、更准确，不仅对管理效率的提高起到极大的促进作用，更能够有效地降低管理成本，解决很多传统运营管理过程中出现的问题，促进智能交通网络系统高效运行。

3. 实现管理社会化

社会化管理使智能交通运营时，能够满足多方面的利益需求，同时还能够与多方面建立起联运机制，从而促进智能交通更好地与市民、城市管理者和管理机构等进行沟通、对话及交流，使多方面形成有机的合作团体，进而合力提高智能交通的运营服务品质。

（四）服务创新

1. 发展特色运营服务

对地铁服务进行创新，就要在建设标准化服务的基础上，对服务特色进行发展和创新。创新特色服务，就要提供人性化服务和个性化服务，前者可以使乘客感受到关心，在情感上使乘客感到舒适；后者则能够满足乘客的个性化需求，使乘客拥有更好的出行体验。

2. 对乘客需求进行主动管理

乘客的需求是不断变化的，因此在对乘客进行服务时，不能被动地应对乘客的需求变化，而是要积极主动地对乘客的需求进行管理。以适当超前的管理理念，抓住时代发展过程中乘客需求的变化规律，从而为乘客提供更高质的出行服务。

3. 突出公益性运营服务

智能交通不仅是一项交通工具，同时还是城市的公共服务设施和公共生活空间，也是对外展现城市精神文明形象的重要窗口。因此在构建运营管理创新体系时，必须要突出公益性运营服务，使轨道交通成为引领城市精神文明建设的重要标志。

三、构建运营管理创新体系的重要支撑手段

（一）建立创新的诱发机制

创新思想和意识是以员工的日常工作为基础的，并根植其中，因此必须大力支持员工在日常工作中进行创新，并加强宣传，鼓励学术交流，营造创新激励氛围，形成良好的诱发机制，诱发员工对运营管理体系进行创新。

（二）建立创新的实施机制

运营管理创新体系必须要得到切实的实施才有意义，因此建立良好的实施机制是必不可少的。可以广纳社会资源，整合不同行业、部门及单位，形成创新体系，优化资源配置，支持创新发展。

（三）建立创新的长效机制

运营管理创新体系的构建不是一时的，而是要长久进行构建，因此必须要建立长效机制，积累挖掘轨道交通设施设备的基础数据；创新经费比例；创新培养各个专业领域的技术人才，从而形成一个组织严密、运行良好的创新队伍体系。

随着我国城市化建设的不断加快，城市规模不断扩大，人口的不断增多，交通问题成为困扰城市发展的重要问题之一。智能交通的发展极大地解决了城市交通问题，而构建智能交通运营管理创新体系，是促进和实现智能交通可持续发展的重要措施，对我国的城市化建设及社会经济发展具有极为重要的作用。

第二节　智能交通运营管理专业顶岗实习

顶岗实习是高职教育中不可缺少的环节，对强化学生的知识运用能力和实践技能、提高专业人才培养质量具有重要的意义。智能交通运营管理专业受行业独特性所限，学生在实习中实习条件的缺失导致实习效果受到影响。文中分析该专业顶岗实习中存在的问题，

提出本专业的顶岗实习条件。

随着各地智能交通的兴起，轨道企业对相关毕业生的需求不断增长，很多高职院校依托良好的行业背景，开设轨道交通运营专业。目前，智能交通运营管理专业和高职类其他专业一样，基本实行的是"2+1"培养模式，学生有近一年的时间从事顶岗实习。顶岗实习在培养学生吃苦耐劳精神、综合应用能力和开阔视野、丰富专业知识等方面发挥了重要的作用，同时学生通过企业的文化熏陶，更容易实现由"学生"向"员工"身份的转变。

一、顶岗实习现状

（一）顶岗实习企业数量少

智能交通运营管理专业顶岗实习的对口企业主要是轨道类的运输企业，包括地铁、有轨电车、轻轨等。这类企业地域性强，基本只接受本区域范围的实习学生，而一个地区的轨道类企业，一般只有一家或者几家，容纳能力有限。同时，这类运输企业计划性强，接收学生实习需要统筹安排，在学生需要实习的时期，企业可能没有制定实习安排。如广州地铁，提供给学生实习的时间不固定，基本按照企业生产进度和需求统一安排，偶然性大。

（二）顶岗实习岗位单一

智能交通运营管理专业毕业学生主要面向站务员、值班员、值班站长、行车调度员等岗位，而站务员一般是学生毕业刚开始从事的岗位，也是企业最愿意提供的实习岗位。其他岗位由于直接关系行车安全和乘客安全，很多企业不愿意承担这样的风险。即便是站务员这样偏向直接服务乘客的实习岗位，很多企业也有不少顾虑，如担心实习学生在实习过程中发生人身伤害，实习学生与乘客发生冲突影响企业形象等。尽管学生在校期间已经掌握较为扎实的理论知识，也通过校内实训提升了综合技能，但由于轨道类企业具有较强的地域特性和独特的企业文化，因此即便是跟岗实习，企业也需要对实习学生进行较长时间的岗位培训，而企业往往不愿意花精力做这样投入大、产出少的工作，特别是对待非订单班的实习学生。

（三）学生意愿性较差

部分学生由于未能进入订单班，感觉将来从事轨道运营类工作的机会较少，不愿意从事轨道运营的相关实习。另外一些学生只顾眼前利益，认为在其他行业兼职经济上的回报更大，缺乏进入专业相关行业实习的积极性。部分学生即便是进入轨道企业实习，但面对一线枯燥繁琐的工作，缺乏工作动力，以各种理由请假，甚至出现旷工等情况，影响了实习效果，也给校企合作带来了一定的负面影响。

（四）实习阶段监管缺失

实习学生具有双重身份，既是在校学生，又是企业的临时员工。学生在企业实习，学校认为学生已进入企业，企业认为学生在校没有毕业，导致实习学生很容易处在两头都没及时管的中空地带，脱离学校和企业的监管。尽管目前各校基本上有顶岗实习平台，但往往只是网络监管，学生实际实习情况怎样，学校无法真正、具体地掌握。

（五）顶岗实践考核体系不完善

目前很多院校顶岗实习考核体系还没有建立，学生在实习结束后，往往进行的是一系列的定性评价，学生实习期间学到了什么、学得多深、有没有达到预期的目标，并没有依据模块化的指标进行考核，很多企业在学生实习结束后仅仅给予一些总结性、想象性的评价。

二、人才培养目标

智能交通运营管理专业主要面向智能交通、城市公共交通、铁路等行业（企业），通过两年的校内理论知识和综合技能训练，结合一年的校外顶岗实习，使学生掌握智能交通车站客流组织、行车组织、应急处理和票务处理等职业能力，同时具备城市轨道站务管理、轨道交通运输设备操作及基本维护等专业知识，形成良好的服务意识、安全意识、沟通表达能力等职业素养。本专业职业发展路径为站务员—值班员—值班站长—行车调度员—调度主任。一般情况下，学生顶岗实习阶段在企业只能接触站务员和值班员的实习岗位，这几个一线岗位能有效提升实习学生客流组织能力和突发事件处理能力。

三、构建顶岗实习基础条件

顶岗实习对强化实践教学环节、提高学生的职业素质具有重要的意义。由于智能交通运营管理专业的特殊性，学校要为学生创造足够数量的实习岗位具有较大的难度，很多学生在毕业实习期间从事与本专业相关性不大或者完全不相关的实习工作。本专业学生很难自己联系到相关的实践岗位，因此，学校要加大力度为学生创造良好的实习环境。

（一）加大校企合作力度

校企合作能创造互惠共赢的局面，近年来，各高职院校越来越重视校企合作。由于智能交通运营管理专业相关的实习企业很少，因此应充分利用现有的合作资源，积极开辟区域外的合作资源。轨道交通企业大都拥有自己的培训基地，培训基地基本具备了和运营车站一样的各项软硬件设备、设施。而培训基地平时利用率不高，使用风险小，如果提供给实习学生使用，几乎能达到和运营车站一样的实习效果。

而对于轨道类企业来说，在节假日和新线开通时期，企业一般会出现人手不足的情况，此时学校有针对性地提供一些志愿者，既帮助企业维持正常的运营秩序，又能使学生通过现场志愿活动提高综合实践技能。

（二）完善顶岗实习网络平台

顶岗实习平台架起了学校、企业和学生之间的桥梁，顶岗实习平台的运用，大大提高了学校和企业对学生的监管和指导效果。现有的实习网络平台，基本包括实习安排、实习过程管理、考核评价、互动交流等模块，其中最主要的是实习过程管理和考核评价模块。前者主要是学校对学生在实习过程中各项工作的监督管理，同时及时解答学生在实习过程中遇到的问题。后者主要是对学生实习效果的考核，一般分为分阶段考核和最终考核。由于网络监管和网络考核的局限性，学生很容易弄虚作假，因此应增加现场工作的证明材料，如岗位工作照片和视频。由于承担学生顶岗实习工作的企业也会对学生进行监管，如实习计划、考勤、实习指导等，因此校企应该共享该类数据，使学校及时、准确掌握学生实习动态，及时做出调整，及时进行督促。

（三）加强实习现场指导及监管

学生在实习过程中，难免会碰到各种各样的问题，因此学校指导老师应和企业指导老师共同为学生答疑解难，引导学生将理论联系实际，提升动手能力和处理现场事务的能力。目前有些院校通过各种激励措施调动老师走进企业指导实习学生的积极性。除了实习指导老师外，班主任、辅导员对顶岗实习的顺利开展也有着积极的影响，班主任、辅导员等学生工作人员在促使学生端正工作态度、遵守劳动纪律、强化安全意识方面具有重要的作用。只有指导老师的"教"和学生工作人员的"管"结合起来，才能真正保障顶岗实习的质量和效果。

（四）建立可量化的顶岗实习标准

为了保证学生的实习效果，在实习过程中应进行阶段性考核和在实习结束后进行最终考核。部分院校采取指导老师或企业负责老师凭印象直接给分的方式，无法真正掌握学生的实习效果，也不利于学生端正实习态度。在对实习效果进行考核中，应进行分模块考核，如分别对实习态度、实习纪律、工作能力进行量化考核；可以采用等级评比，如优秀、良好、合格、不合格等级；也可以采取百分制进行考核。在对实习内容进行评价时，可以对岗前培训、适岗培训、安全培训、技能培训等分别进行考核，同样可以采取等级评比或百分制方式。

（五）其他实习的基本条件

智能交通运营管理专业学生实习的企业主要是本地区内的轨道类企业，学生在实习阶段基本可以住校，无须企业安排住宿，但其他的基本保障条件不可缺少，如需要给学生购买人身伤害险，保障学生实习效果的管理制度、提供给学生的劳动防护用品等等。

顶岗实习是学生大学学习阶段在校外的延伸，能有效缩短从学生身份向员工身份的适用周期，为学生实现"毕业即上手"提供了保障。只有保障了学生的实习条件，才能有效保障学生的实习质量，保证智能交通运营管理专业的人才培养质量，满足用人单位的需求。

第三节 自动化与智能交通运营管理

随着城市化进程的加快，我国重要基础设施的建设取得了优异的成绩。随着社会经济的发展，交通运输网络逐渐完善，但是随着城市化的步伐，社会对城市交通提出了更高的要求，因此迫切需要建设智能交通。现代自动化技术的应用可以有效地提高交通安全性和可靠性，因此研究现代自动化技术在智能交通中的具体应用显得尤为重要。本节讨论了智能交通运行与控制自动化技术。

随着社会的不断发展，轨道交通已逐渐成为当前城市交通系统中的一种重要交通方式，可以有效提升交通运输能力，缓解城市交通拥堵。随着科学技术的发展，自动化技术已逐渐在智能交通中得到广泛应用，极大地提升了智能交通的自动化程度和信息化程度。

一、现代自动化技术在智能交通中的应用现状

智能交通自动化的现代技术已得到越来越多的应用。我国的现代智能交通自动化技术处于世界领先地位。我国已经有一套完整的监测、管理和操作系统，并且仍在不断完善中。现代智能交通自动化技术已广泛应用于北京、上海、广州、深圳等主要城市，在现实生活中发挥着重要作用。但是，尚未开发出现代自动化技术在智能交通中的应用范围。在中小型城市，仍需要努力开发用于智能交通的现代自动化技术。

二、自动化技术在智能交通运营与管理中的应用措施

（一）多条线和一个中心

通常情况下，一条线路不能成为铁路运输网络，因此在不同城市设计铁路运输网络时，通常会在铁路上设计网格以提高其便利性和安全性。在轨道交通建设中，通常采用"先干后充线"的形式，并逐渐发展成为轨道交通网络。可以看出，轨道交通的建设是一个耗时且复杂的过程，其中一条线路的建设将花费数年时间。在当地轨道交通发展的初始阶段，许多城市没有修建和使用许多铁路线，并且对这些线路的监视本质上是"一条线，一个中心"，即一条铁路线对应一个线路的检测机构。然而，随着智能交通线路建设的不断增加，在复杂的线路和众多观测站的背景下，传统的控制方法已无法满足日常轨道交通运营的调度和紧急服务的要求。数字轨道的重要前提是创建基于多条线的多行、单行跟踪表单。铁路运输线路监控中心是一个管理多条线路的自动监控系统，包括两个监控中心和一个模拟运营中心，即运维控制中心，应急控制中心和模拟运营中心。

（二）加强各种管理体系的实施

首先，我们要重视制度层面上的监督作用，严格按照规定对违规人员和单位进行处理，其次，要加强对地方各单位的联合检查，以确保制度健全，实施得当。联合检查期间，参与联合检查的工作人员会面临各种隐患，联合检查后，将在规定的时间内统一发布存在问题的纠正通知，并且对项目完成情况不佳的人员进行处罚；为了进一步提高管理的有序性，可以采取分级管理的措施。按照责任级别，如果出现问题，相关的责任人必须首先对管理负责并承担责任。

（三）多系统集成

轨道交通信息管理系统包括两种类型：业务管理系统和生产系统。该系统集成了战略计划，核心业务管理，业务支持，生产系统和总线等。并实现了轨道交通运营系统自下而上的体系结构，有关管理解决方案的自上而下的信息传递，同时考虑了各种业务模块的信息共享和使用。轨道交通的多系统集成包括通信集成，监控集成等。其中，自动监控系统基于集成平台，可集中管理列车的运行状况，平台信息等，在紧急情况下做出决策并解决问题，确保铁路运输的正常运行。如今，铁路交通的智能监控已得到全面发展。例如，新加坡的综合跟踪系统是世界上第一个了解自动化铁路运输操作的国家，其整个系统由500多台计算机管理。我国北京市于2004年制定了发展轨道交通天文台的战略。由它建立的铁路天文台于2008年启动。它集成了部署管理和票证模块。这是目前最复杂和高度自动化的生产线。

（四）加强项目工程规划

根据智能交通运营和管理的实际发展，未来轨道交通的数量将会增加，而综合项目及其更新对于大型城市来说是非常重要的任务。考虑到这一点，设计应避免产生繁琐影响的智能交通管理工作。作为实际智能交通管理过程的一部分，所有项目的开头和结尾都必须有详细的数据和信息记录，并且必须与有关部门保持密切合作，以有效地提高项目的可实施度。避免一味地从理论的角度出发开展工作。科学的项目工程规划需要对许多因素进行透彻的研究和分析。在智能交通运营管理工作中，目前的工作取得了良好的成绩。在新的项目工程操作中，应尽量避免与现有内容发生冲突，并尝试促进整个项目的总体进度并使之现代化。打下坚实的基础，只有这样，我们才能实现运营管理系统的现代化发展。

（五）加快运营管理技术升级

在智能交通运营管理过程中，有必要结合社会发展和人员变动，加快运营管理技术的更新。面对新问题、新形势，有必要不断贯彻管理理念和管理方法，从不同层次入手，优化传统的经营管理模式，开发更加合适的经营管理方法和技术工具。我国对智能交通的运营和管理提出了一些要求。因此，轨道交通的运营和管理必须严格遵守国家有关法规，以确保各项运营管理任务能够充分体现标准化、制度化和标准化的特殊性，并进一步改善智能交通。

三、智能交通相关活动和管理的未来发展

我国现代社会经济的实际发展等方面需要有效增强智能交通管理能力，有关工作的实际执行必须按照有关规定进行。未来应改进及时有效的管理。在制定智能交通管理工作计划时，有必要加强登记程序，特别是在解决客观因素和确保有序工作的基础上，通过及时有效的创新和完善保护制度。每个人都在努力并创造更多，以追求理想的社会价值。需要及时有效地加强智能交通管理的内容实施，加强信息技术的有效利用，并建立适当、完善的信息管理系统，以确保智能交通管理能够得以实现。以有序的方式并符合预定目标，效率和能力进行。在实际的管理工作过程中，有必要积极推进人才队伍建设，使工作内容的分配有足够的人力资源来实施。

随着我国城市发展水平的不断提高，智能交通作为城市发展基础设施的建设，运行和管理也越来越受到人们的关注。鉴于各种轨道交通运营管理业务模块的功能和特性，可实现轨道交通运营管理的智能化和自动化，自动化技术在智能交通管理中的应用已大大降低基础建设中的各种轨道交通成本，增强了铁路运营的影响力，增强了智能交通运营的安全管理。

第四节　大数据与智能交通运营管理

北京、上海、武汉、深圳等城市相继开始试点建设智能交通信息化云平台和大数据平台，实施互联网＋战略，推进信息化、智能化深度融合，以信息化带动智能交通智能化，以智能交通智能化促进信息化，为智能交通行业的可持续、快速发展提供强有力的信息技术支撑。

随着我国新型城镇化的加速发展和城市群、都市圈建设的稳步推进，智能交通已经成为城市交通发展政策的支持要点和城市交通建设的热点。为使智能交通成为交通强国建设的重要内容和城市交通改善的重要引领与支撑力量，在当前移动互联网、大数据、云计算、物联网和人工智能技术在交通运输领域应用势头良好的大背景下，应充分发挥智能交通良好的聚流、引流和产业生态培育作用，抓住智慧化引领智能交通高质量发展的机遇，明确智能交通指挥化发展的方向，寻求新的全生命周期发展路径。

一、智慧化是智能交通高质量发展的必然趋势

目前，我国的智能交通发展总体上滞后于城镇化发展，遵循满足需求式的发展模式，并未在现代信息技术和人工智能已广泛应用的时代背景下充分显示出鲜明的智慧化特征。在发展初期，城市的财政资金不能有效支持造价昂贵的智能交通建设，导致其明显滞后于

城市的发展，等到城市（尤其是特大城市）产生较严重的交通拥堵后，才不得不"补课"。在这种"应急"发展场景下，城市主要考虑的是解决交通问题，即其精力集中在解决智能交通的有无问题上，而无暇顾及现代信息技术和人工智能技术的应用。如今，虽然部分城市的部分轨道线路已在外围引导城市发展，成为城市群、都市圈高效交通的重要方式，其发展范围也得到极大拓展，但从总体上看依然是满足需求型，缺乏引导、增加和捕捉需求的能力。

随着城市范围的逐步扩大，中心城市的影响力不断扩张和都市圈的逐步形成，我国智能交通的大规模建设才刚刚开始。无论是从需求的必要性还是从当前发展的惯性来看，在未来相当长的一段时间内，智能交通大规模建设和发展仍是大势所趋，即使其可能受到资金的限制和影响。在城市群、都市圈和城市中心区经济产业高质量发展的背景下，高质量的智能交通也理应纳入城市发展的范畴。发挥智能交通的聚流、引流优势（原因在于其站点人流高度集中，运行途中人流量大且换乘频繁），以发展流量经济、枢纽经济、数字经济的方式补偿智能交通在建设和运营初期投资、运营能力的欠缺，应成为未来一段时间智能交通高质量快速发展的重要内容和任务。现代信息技术和人工智能技术的快速发展和在交通运输领域的广泛应用，为智能交通发展流量经济、枢纽经济、数字经济提供了重要手段和业态场景。

在城市现代智能交通研究与展望城市轨道交通建设力度和规模仍将保持较高水平的形势下，其网络化、规模化发展的格局和趋势愈加明显。此时，应高度重视智能交通的智慧化运营，为进入建设与运营并重阶段奠定坚实的技术、模式、业态创新基础；同时，还应从规模经济和产业链、价值链延伸的角度出发，充分考虑智能交通制造产业的发展，及其与城市和站点周边产业的协同融合，实现交通与产业联动发展的模式创新。目前，现代信息技术和人工智能技术与人们的生活越来越密切，并改变着人们的生活方式，而由于智能交通人流集中，因此智能交通具有应用这些技术的需求基础。在智能交通建设和运营过程中，智慧化技术的应用与应用场景的建设已经成为技术进步和相关服务业态发展的必然趋势，也是提高智能交通自身运营效率、安全和服务水平的必然要求。

二、大数据平台方案

大数据平台的主要作用包括：①通过整合线网级电力监控系统（SCADA）、火灾自动报警系统（FAS）、环境与设备监控系统（BAS）、ATC、AFC、ACC等专业数据，实现客流、行车、设备数据的集中统一，形成企业级数据统一视图，实现企业数据标准化；②通过运营的维修、施工等系统，结合客流数据实现客流、设备、行车、票务、维保等信息的实时统计分析，帮助运管人员及时了解路网客流、行车运营、设备资产、票卡收入、维修保养等情况，在保证地铁路网安全运营的前提下，不断提升运能、降低成本；③通过结合客流数据、商圈居住数据、市政规划数据等，提供新线路规划的数据支持，同时可预测新增线路对路网的影响；④结合客流、行车等数据为乘客提供实时路网信息，方便乘客进行出行选择，提升公众信息服务。

（一）大数据能耗分析

大数据平台可实现智能交通车辆、接触网、动力照明、通风空调、食堂生活、生产用水等机电系统设备的运营用电实时采集，并对耗电量进行大数据分析，实时采取节能措施，减少运营耗电量。同时，针对用电负荷实时监测，通过合理调度确保用电安全，从而更好地实现智能化运营。针对某些用电量比较大的专业，如车站动力照明系统，可采取智能照明模式，减少用电量；通风空调系统，可采用智能温控模式，节能减耗。

（二）大数据客流预测

基于大数据的智能交通客流预测与乘客行为分析：通过引入客流起讫点分布（OD）、一卡通、移动运营商定位、ATS、行车计划数据等，分析枢纽车站乘客进出站情况及新线对既有线换乘的影响，研究大型活动客流的变化规律，优化客运组织。

（三）实时调整运行图

基于动态客流数据，采用以下大数据分析技术对列车运行图进行自动调整：①利用实时客流监测技术，动态监测 AFC 进出站客流情况；②利用视频分析技术，实现在计数区域进行客流计数，并对站台人群密度进行分析；③利用车辆的空气弹簧提供的车厢重量信息，包括车站上下客的车厢重量变化情况，判断客流变化。

智能交通大数据平台的建设，必须根据运营实际需求进行，建设和运营部门要密切协调统筹，严格按照国家标准和规范，整合所有机电专业的信息资源，实现所有机电设备的运营信息共享、维修调度集中控制，从而提高整个智能交通的自动化、信息化水平，推动智能交通信息化系统的转型升级。通过智能交通大数据平台的建设，既减少了机电设备资源的重复投资和浪费，又有效提高了整个机电系统的智能化水平，降低机电设备采购、建设、运营使用及维修成本，实现整个线网机电设备信息的实时共享、实时监测、实时决策。

第五节　智能交通运营管理专业教学标准

根据智能交通运输业现状，智能交通运营管理专业教学标准的规范化，不仅可以提高学生素质和教学质量，而且能培养出更多合格的技能型员工。对此，本节从培养目标、课程开发、教学要求、实训环境等方面展开论述。

随着智能交通行业的迅速发展，现有的智能交通方面的员工数已无法满足智能交通行业发展的需要，从事智能交通行业员工的整体素质与企业的最终要求也相差甚远。目前我国许多高职院校为了适应社会发展设置相关专业，主要培养能胜任供电、通信、信号维修、车辆驾驶、运输管理的基层职工，满足智能交通行业人才需求。为培养具有高尚职业道德和爱岗敬业精神，具备过硬的专业知识和设备操作技能的学生，配备完善的教学标准很有必要。

一、培养目标

本专业主要培养学生运用轨道交通十大运输设备的能力，掌握不同情况下有序组织客流的能力，具备正常情况下和非正常情况下的行车指挥能力，安排车辆就地调车工作的能力，遵守行车规章和相关制度的责任意识，高效处理重大事故的应变能力，具有较高的职业素质和较强的操作技能。学生毕业后可从事车站客流组织工作、售检票工作、设备维修工作、行车指挥工作等。

二、课程开发与教学要求

（一）课程开发

在企业调研的基础上发展本专业课程体系，先分析主要就业岗位，包括客运类岗位（售票员、厅巡员、督导员、站台员、替岗员、值班站长）和行车类岗位（行车值班员、行车调度员、车场信号员）。根据对企业各岗位具体工作过程的分析，总结其工作任务。经分解、归纳工作任务，确定专业研究范围和岗位职业能力。再根据相关岗位职业能力，确定专业学习领域，进而开发本专业课程体系。

为了培养具有基本职业素质要求、职业基础能力要求、职业核心能力要求以及职业拓展能力要求的毕业生，本专业构建了"三阶段一贯通"的课程体系。"三阶段"主要用于学生职业岗位能力的培养，在具备基本职业素质的基础上进一步培养职业核心能力，培养专业发展能力。"一贯通"是指自主学习课程从学生第一年入学延续到第三年毕业。根据"三阶段一贯通"的课程体系设置公共基础课程、专业课程、拓展课程及自主学习课程。公共基础课程涉及道德教育、职业指导、体育健康、大学语文等基础课，培养学生进入社会所必需的基本职业素养。专业课程分为专业基础课程和专业核心课程。其中对专业课程起主要支撑作用的单一技能训练课程和综合技能实践课程，培养学生的实际动手能力和解决问题能力。拓展课程包括专业限选课程和通识教育课程。通识教育课程可以选修学院开设的人文科学、艺术与哲学方面课程，以保证学生树立科学的人生观、世界观。专业选修课程设置信号方向、供电方向、车辆方向和铁路领域等相关课程，满足学生在轨道交通及其他方向的职业发展。自主学习课程引导鼓励学生积极参加社会实践活动、听讲座、参加知识竞赛等，提升学生的人际交往与团队合作能力，激发学生的创作灵感，为学生的深入学习营造一个良好的研究氛围，促进学生全面发展；培养学生由双证到多证，拓宽学生就业渠道；提升学生专业能力和激发学生学习兴趣的同时丰富学生第二课堂，提高专业技能；使学生了解行业企业发展现状、用人需求等与就业相关的信息，为毕业后找到合适的工作打下基础。

（二）教学要求

公共基础课程，要以学生全面素质的提高为重点，为学生营造一个好的学习环境，帮助学生了解世界，培养多种思维方式，使学生德智体全面发展。对于专业课程，改变传统的教师讲授方式，让学生参与课程，教师起指导作用，按照工作岗位的要求，培养学生的专业技能。在教学实施过程中，重点锻炼学生的实际动手能力，针对不同的专业知识采用多种教学方法，布置学习任务让学生动手完成，将理论知识与实践教学相联系。拓展课程要达到拓展学生职业素养和专业素养的要求，树立学生科学的世界观、人生观、价值观以及与培养本专业相关联的职业能力。

三、实训环境

（一）公共基础课

对于公共基础课的学习应有完善的优质教学资源及学生使用平台，如计算机基础课程的学习应有不少于 50 人的网络机房；大学英语课程应有语音室和口语练习室；体育与健康课程应有专门的体育馆和室外体育场，满足学生上体育课和平时锻炼的需要。

（二）专业课程

为了更好地学习专业课程，不仅需要设置校内实验室，还需校企合作共建实训基地。

校内实验室。为了方便专业基础课程的学习，需设置校内实验室。如设置电子基础实验室、电工基础实验室满足电工电子基础、电工操作技能实训课程的教学要求。维修电工实验室可为学生电工技能证考试提供训练机会。

校外实训基地。校外实训基地主要为专业课的学习服务，能够为学生主要课程、学习任务提供模拟操作的实训环境，弥补部分课程实训环节无法现场开展的缺憾，为课堂教学设计的实施提供实训场所。

根据专业核心课程包含的五大方向（行车组织、票务管理、设备运用、事故处理、客流运输）设置 ATC 列车自动控制实训室、运营模拟沙盘实训室、AFC 自动售检票实训室、车辆模拟驾驶实训室以及车站模型实训室等。ATC 列车自动控制实训室可以完整演练运营开始前列车从车辆段出库、运营期间正线运行、运营结束后回库等过程，锻炼学生调度指挥能力和应急处理能力。运营模拟沙盘实训室包括一台中心工作站、八台车站工作站、一台车辆段微机连锁、一台列车控制系统、一台服务器、一台列车运行图服务器以及沙盘模型，学生以小组为单位担任车站行车值班员、控制中心调度员、调度主任、驾驶员、车辆段信号员等角色，相互配合相互协作，组织多列车追踪运行，培养团队合作精神和遵守规章制度的规范意识以及设备发生故障时的降级运行能力。AFC 自动售检票实训室配备AGM（一套三杆和一套扇型））、TVM、TCM（一台位置固定不变，另一台可以随时随地移动）和 BOM，使学生掌握车站终端设备的常用操作和简单维护方法以及在特殊情况下如何处理票务问题。车辆模拟驾驶实训室设置十台驾驶台，学生通过模拟驾驶，掌握驾驶车辆的具体步骤，熟记车辆段、正线的限速要求，探索对标停车的技巧，体会司机在列车运行中的重要责任。车站模型实训室设置人民广场站模型、车控室 IBP 盘以及防灾报警系统控制盘，通过演练，学生能够在紧急情况下操作 IBP 盘进行紧急停车或扣车，在发生火灾时利用防灾报警系统控制盘及时控制火势蔓延。为了充分发挥各实训室的作用，需开发与课程教学内容一致的实训项目，以项目或者任务的形式组织教学，从而实现"三结合"：使课程中的能力要求与实际工作的能力要求相结合；学习过程与实际的工作过程相结合；学生充当的角色与实际的企业岗位相结合。

本专业制定的教学标准在具体实施过程中要根据学校的实际情况和行业企业的发展现状不断改革和完善，努力培养符合轨道交通行业要求的一线员工。

第六节　标杆管理与智能交通运营管理

标杆管理是一项有系统、持续性的评估与改进过程，是通过不断将组织流程、业绩与全球企业领导者相比较，以获得协助，改善运营绩效的过程。标杆管理在现代企业管理活动中已成为支持企业不断改进和获得竞争优势的重要管理方式之一。文章探讨了标杆管理方法如何在智能交通行业建立模型、对标应用，并以某轨道交通企业乘务系统中的实际应用为例，简要介绍地铁运营中如何实现标杆管理改进。

标杆管理（Benchmarking），又称基准管理、对标管理等，其概念起源于 20 世纪 70 年代末，由施乐公司首创，后经美国生产力与质量中心进行了系统化和规范化，将其定义为一项有系统、持续性的评估过程，通过不断将组织流程与全球企业领导者相比较，以获得协助改善运营绩效的管理活动。目前通行的标杆管理的定义，则是指企业将自己的产品、服务和经营管理方式与行业内或其他行业的领先企业进行定量化评价和比较，分析这些基准企业的绩效达到优秀水平的原因，在此基础上选取改进的最优策略，并持续改进，甚至最终实现超越的过程。

标杆管理为企业或其他组织提供了关于其人员、设备、服务以及流程究竟能做到多好的客观、有效的衡量指标；让企业认识到必须打破以往的思维定式和经营方式，重大的经营改善活动在组织中不仅完全可行，而且应该成为组织生存所必须开展的活动；为企业描绘了一幅竞争对手为什么表现如此卓越的清晰的图画。

一、标杆管理体系模型建立

以国内某地铁运营公司为例，通过参加行业内 MOPES（MetroOperational Performance Evaluation System，智能交通运营绩效评估体系）和 NOVA（Nova Benchmarking Group of

Metros，轨道运输标杆联盟）对标组织，对国内、国际多家地铁运营企业在运营效率、服务绩效、财务指标、劳动生产率、能耗与安全等各项 KPI（Key Performance Indicator，关键绩效指标）的综合对标分析，建立了公司标杆指标库，掌握了自身运营管理水平在国内、国际同行业中所处的位置。

2015 年，该运营公司通过建立对标管理体系，提升运营公司的标杆管理能力，以提高运营公司运营质量，强化核心能力，增强发展潜力，希望把运营公司打造成国内智能交通运营标杆企业。

综合施乐公司的 10 步骤模型、IBM 的 14 步骤模型、罗伯特·坎普的五阶段论以及国际标杆管理交流中心的四阶段论，联系地铁行业的实际情况，该运营公司建立了标杆管理双循环流程，并确定每个阶段需要控制和确认其完成的关键点。

标杆管理双循环流程是由两大循环流程复合而成。这两类管理活动紧密关联，相辅相成。

一是定期的标杆评估流程。这一过程通过定期与国际国内其他地铁运营企业以及其他相关产业进行业绩比较，明确运营企业的定位与差距，寻找改进机会，并确定优先级别，帮助运营企业制定战略。

二是标杆管理改进流程。即在运营企业的战略框架下，根据标杆评估的结果，选择重点过程，运用过程标杆分析的方法及一系列改进工具，提高产品或服务的质量，优化流程，以实现运营企业绩效的提高与服务质量的强化，并建立竞争优势。

二、地铁运营中的标杆管理体系实施案例

该地铁运营公司基于自身的标杆管理体系，建立了标杆改进项目池，通过公司内部标杆改进项目的实施，取得了较大成效。现以该地铁运营公司实施的电客车司机排班效率提高项目为例简要介绍地铁运营中如何实现标杆管理改进。

为提高司机现场安全管理水平、优化司机用工效率，该地铁运营公司乘务中心计划启动标杆管理改进项目，系统学习和借鉴兄弟公司在司机安全管理和司机交路编排工作的宝贵经验。通过科学合理地安排司机交路，提高乘务中心的管理水平，提高司机值乘工作效率，提高司机生产率，达到节省成本的同时保证服务质量的目的。

通过内部调研分析得知，改进前，该地铁运营公司某线路电客车司机排班方法如下所示。

第一，班制设置：A 线路目前采用四班三运转的班制组织司机正线值乘。该班制下司机值乘方式为轮乘制。

第二，司机配备人数：全线路 4 个班组合计需 92 人。

第三，司机有效工时统计：按照现有的三张日常运行图的需求，周一至周四的有效工时为 224.2 小时；周六至周日的有效工时为 231.5 小时。

第四，司机有效工时利用率：每名司机月制度工时为 148 小时；日平均有效工时 = 周总有效工时 /7=224 小时；司机月有效工时 = 日平均有效工时 ×30.4 天 =6 809.6 小时；司机有效工时利用率 = 司机月有效工时 / 司机月制度工时 × 司机人数 ×100%=50%。

确定改进项目的目标并进行内部调研后，才能够有目标有方向地进行外部调研。首先必须选取合适的外部标杆合作伙伴。在选择标杆伙伴的时候应遵从先进性原则、可比性原则、经济性原则、可获得性原则、先内后外原则，乘务中心结合这五项原则，通过加权评分的方式选取合适的标杆合作伙伴进行标杆管理活动。经过讨论评估，中心决定对评分结果排在前四位的 ABCD 四家地铁运营公司的相应线路进行现场调研。

调研结果显示，四家地铁运营公司，人员配置和值乘方式各具特点，互相之间有较大差别。司机班制包括上四休二、上五休二、四班三运转和六班五运转；值乘方式包括固定交路和轮乘。A 公司采用固定交路、六班五运转班制；B 公司采用轮乘与固定交路综合的值乘方式、四班三运转班制；C 公司采用固定交路，上四休二的班制；D 公司采用固定交路，上五休二的班制。

通过对以上四家运营公司的人员配置和值乘方式的对比分析初步发现，B 公司的四班三运转班制加轮乘与固定交路混合的值乘方式有更多的优点，而另外几家公司的排班方式也有可借鉴之处。调查研究人员根据本公司的实际情况，结合调研分析结果，在此基础上进行进一步创新，初步得出四班三运转 + 高峰组、多班制混合作业、六班四运转 + 固定交路三种可选优化方案。

综合这三种改进方案来看，方案三的司机有效工时利用率为 54.5%，在三种方案中提升幅度最大。方案一的司机有效工时利用率为 52.8%，提升幅度最小。进一步对比分析则发现以下一些情况：方案一的交路编排较简便，时刻表需提前一周下发。运行图临时调整对司机交路影响不大。同时班组人员集中，便于管理和培训。司机公寓的现有床位能满足需求。高峰班虽然"干一休一"，但完整休息日较少，且全上夜班。方案二的交路编排也较简便，时刻表需提前一周下发。运行图临时调整对司机交路影响亦不大。司机公寓的现有床位能满足需求。但是班组人员不平均，工作时间存在差异，不利于班组管理和培训；需增加专业培训人员。高峰班、两头班虽然"干一休一"，但完整休息日较少，且全上夜班。另外调查得知日班运营任务在国外一般通过雇佣司机负责。方案三的交路编排较为复杂、繁琐，时刻表需提前两周下发，同时需增加线路排班技术管理人员。并且对列车运营稳定性要求较高，运行图需谨慎调整和更换。此外工作时间存在差异，不利于班组管理和培训，并且公寓管理和入住压力加大。所有司机连续四个晚上不能在家休息，上下班路上、公寓候班等非工作时间占用较多。综合上述分析可知，虽然方案三对司机有效工时利用率指标提升幅度最大，但因此而带来的流程复杂程度和管理难度提高、额外的人员配置需求等负面影响亦较大。

通过上述各方案分析比较，结合本公司运营实际，采用第一种优化方案在该线路进行试点验证。经过一个月的试运行之后发现，方案一既提高了司机值乘工作效率，又壮大了司机骨干队伍，对提高公司乘务中心管理水平，维护司机队伍稳定，确保地铁运营安全起到了积极推动作用。

第七节　智能交通运营管理方式方法

随着社会科技的不断发展，也相应地促进了智能交通的发展，智能交通良好的运营离不开高效的管理，只有运用良好的管理方法才能够实现相应的管理效果。因此，应该结合智能交通运营的特点，采取有效的方法进行管理。

随着社会的发展，智能交通也在不断地发展壮大，在智能交通运营方面，需要采用有效的方法进行良好的管理，才能够促进智能交通的良好发展。

一、做好智能交通运营管理的基础工作

城市轨道是为城市居民提供更加便利的出行服务，也就是说乘车的市民是轨道交通运营管理的核心，提高智能交通运营管理应做好市民的工作。市民良好的乘车习惯是智能交通运营管理的基础，首先，要通过车站的标识系统正确地引导乘客，久而久之养成乘客的良好乘车习惯。城市地铁根据城市的不同建设也各不相同，主要将站台分为地下、地面、高架等三种形式，相对来说大部分的地下站的活动空间要比地面和高架站的活动空间小一些，而且乘客在车站内分辨方向极难，特别是在找出入口时乘客的逗留都会造成地铁站内的活动出现拥挤的状态，尤其是乘车高峰期的人流量较大会对智能交通运营管理造成一定的负担。因此，要发挥出标识系统的作用，合理地设置车站内的出入口标识，以及列车运行方向、卫生间导向等标识，及时地引导客流提高智能交通运营的管理效率。其次，要加大对城市居民乘车的宣传和引导，智能交通在我国很多城市都在运行和发展，为人们的出行提供非常便利的服务，而有些居民由于没有乘坐过地铁，不知道该以什么样的形式乘坐，这个时候的宣传工作就能起到很大的作用，从初期做起，培养居民养成良好的乘车行为，并加大宣传力度，通过电视、广播等方式展开地铁出行的安全事项以及正确的乘车行为。通过这种方式为智能交通运营管理打下坚实的基础。

二、做好智能交通运营管理的重点工作

智能交通运营管理重点在于行车的组织，合理的行车组织机制能提高智能交通运营的效率。首先，行车组织需要对乘车客流量进行分析，包括乘客出行的特点、分布情况等，并由专业管理人员对客流量进行预测，在不同的时间段设置不同的行车计划图，而且要将各个时间详细划分，便于管理更利于市民的出行，例如，正常工作日、双休日、节假日等，在合理的行车计划图的组织下，城市轨道相关部门可以更好地按行车计划组织车辆的出行

路线，对线路的运行列车数量、出进站时刻也有着更好的规划，不至于在客流量较大的节假日或休息日出现交通运营管理混乱的现象。而且智能交通运营的乘务部门可以根据相关的行车计划图来制定乘务员的串休计划，同时智能交通的其他部门，如，通信部门、供电部门、轨道部门、机电部门等，也可以合理地安排各个设备、系统以及机械等等的维修计划和施工计划，既不耽误智能交通的正常运营，还可以通过日常的维护工作来提高智能交通运营的安全性和稳定性。其次，要考虑到乘车客流量较大时的智能交通运营方式，可以通过加大线路的行车密度、就近折返线、小交通线路等方式来提高列车的运营效能。当然，也不排除列车运行时的早点、晚点、故障等情况，如果列车出现早点或晚点的现象，可以通过提前或推迟列车的出发时间来实现列车的正常运营，一旦列车出现故障的话，要及时拉大线路列车之间的运行时间的间隔，同时相关人员要及时疏散客流人群，以及故障列车的快速处理，以此来提高智能交通运营的管理效率。

三、做好智能交通运营管理的补充方法

所谓补充方法就是在原有的运行方式出现了问题之后采用的替换方法或解决方法，在智能交通运营中，虽然交通事故率较低，但是，有些不可预测的事故还是会发生的，因此，智能交通运营管理应采取相关的解决措施。首先，要加强智能交通中的多个部门、多个岗位之间的协调配合，保持相互的实时通信，为处理故障事件打好基础，避免发生故障时部门之间缺乏协调性而导致事故扩大；其次，要建立完善的应急保障体系，这是智能交通运营管理的重要一项，乘客的安全保障是城轨交通管理的核心观念，尤其是列车发生故障时会与乘客的安全有着直接的联系，一个环节的疏忽都有可能对乘客造成严重的伤害，因此，应建立有效的应急预案，并且，要对应急预案进行演练、培训，不断地强化应急预案以及乘务员应急的处理能力，对于智能交通运营来说，时间是非常宝贵的，最终受到影响的是乘客的出行，通过强化应急预案和乘务员的应急能力，可以在列车故障时进行有序的处理；最后，就加强智能交通运营的专业技术人员队伍的建设，主要围绕着智能交通的各个环节、设备、线路以及车辆等设备的维修保养工作，要求岗位人员必须是各个工种的专业人员进行良好的管理，一方面要做好各个设备的检查维修工作，另一方面在设备发生故障时要有着临危不乱的心态，有序有效地处理故障问题。另外，还要做好工作人员的管理工作，以乘客的服务为工作的核心，做好组织工作，尤其是在客流量较大时，要及时地组织乘客有序地乘车，避免乘车混乱而造成设备的故障现象，在确保乘客安全的基础上提高智能交通运营的管理效率。

四、做好智能交通运营管理的关键工作

随着科技的不断发展，智能交通技术也在不断地提高，在人们生活水平不断提高、城

市化迅速发展的今天，城市轨道已经成为大多数城市主要发展的交通工具，相比城市公交来说，具有出行方便、交通快等特点，是人们出行的重要交通方式。据统计我国智能交通运营的工作人员已超过 14 万人，人力资源是智能交通发展的关键因素，而这个惊人的数字也为智能交通运营带来了一定的影响，人力资源面临的缺乏专业人员的现状，由于智能交通运营是与市民的出行安全息息相关的，因此，对于人员专业技能的要求不能模棱两可，必须持证专业人员才可就业上岗。在当今智能交通的教育学校并不多，人力资源供不应求的现状限制了智能交通的发展，在人员急需的情况下，有些招聘也降低了一些难度，当然，这仅限于一些基层人员的招聘，也使得智能交通的许多基层人员专业技能较差，为了避免这样的情况必须加强智能交通运营的管理。为了弥补人力资源缺乏的现象，应对基层员工以及其他员工定期开展培训环节，以此来提高人员的专业水平，另外可以通过员工进修的方式进一步强化员工的专业能力，例如，外送培训、技能培训、企业培训、生产培训、厂家培训、与院校合作的订单培训等方式，一方面能提高员工的专业水平，另一方面可以通过与院校合作的订单方式增加智能交通的人员数量，而且能提高院校的就业率，通过多种方式来促进智能交通的发展。

智能交通的发展是社会经济发展的标志，因此，智能交通需要结合城市的发展需求，有计划有重点地管理，进一步提高管理的效果，促进智能交通的发展和社会经济的发展。

第八节　智能交通运营安全管理

智能交通为市民出行带来了极大便利，其运营安全也得到广泛重视。文章分析了智能交通运营安全管理存在的风险主要源于人员、设备设施、环境和管理因素，并针对四个因素提出相应的运营安全管理优化对策，希望能够为安全运营积累丰富的参考资料。

近年来，智能交通凭借运量大、速度快、节能、准时等优势成为广大市民出行的最佳选择，但由于综合性强，所处空间特殊，一旦出现事故，就会产生严重后果，因此智能交通运营安全管理研究，对预防事故发生具有重要意义。

一、智能交通运营安全管理的风险分析

根据对历史事故和实际运营状况的调研得出：智能交通运营安全风险主要由人员、设备设施、环境和管理四个因素以及四者之间的相互作用造成的。其中前三个因素是直接致因，管理因素是间接致因。四大因素相互联系、相辅相成，构成了智能交通运营事故致因机理体系。

二、目前智能交通运营安全管理存在的风险问题

近年来智能交通运营安全的总体形势平稳，但同时也面临着诸多问题，以下从人员、设备设施、管理和环境四个方面进行分析。

（一）人员方面

人员方面的风险主要源于为生理、心理和技术三个因素。工作人员由生理因素造成的风险主要有列车司机违规驾驶，身体存在缺陷等风险；由心理因素造成的风险主要有安全意识淡薄、纪律性不强、心理素质较差等风险；由技术因素造成的风险主要有员工专业基础较差、操作技能不熟练等造成的风险。非工作人员由生理因素造成的风险主要有乘客身体造成的突发事件等；由心理因素造成的风险主要有乘客乘车过程中心理障碍等行为造成的危险事件等；由技术因素产生的风险主要体现在乘客缺乏相关安全常识导致的危险行为。

（二）设施设备方面

智能交通系统是一个复杂的系统，涉及许多的设施设备，包括信号设备、车辆设备、机电设备、环控设备等。安全运营必须以设备的安全运行为前提，任何一个小故障都可能导致不安全后果，造成运营秩序不顺畅，甚至更严重的事故，所以设备设施的良好质量和稳定运转是安全运营的重要保障。

（三）环境方面

影响智能交通运营安全的环境包括内部环境和外部环境。内部环境通常包括区间、车站公共区域、设备用房和管理用房等区域的空气环境指标。这些指标可能会导致工作人员和乘客生病，也可能会造成设备设施不能正常运转。外部环境包括极端气候灾害等自然环境和涉及极端恐怖组织等的社会环境。自然环境是由自然界提供的、人类难以改变的生产环境，如台风、暴雨、暴雪等对轨道交通线路设备的破坏。极端恐怖组织因素主要有人为排放有毒气体、爆炸、纵火等行为。

（四）管理方面

管理不善造成的运营风险主要体现在规章制度和安全保障工作的漏洞。例如规章制度不健全，带来管理职责不明确、工作组织混乱等问题；安全管理工作不到位，领导层责任心不够，监管不严格，员工在工作中违规操作等，这些都会增加安全风险。

三、智能交通运营安全管理优化对策

针对上述提到的风险问题，以下从人员、设备设施、环境和管理四个方面提出优化对策。

（一）人员方面

运营企业需要设置安全管理机构，配备安全管理人员，以法律法规、规章制度为主要学习内容，采取多种形式对职工进行培训，将安全工作重在落实的理念贯穿于员工的工作、学习和生活的全过程。对乘务、行车值班员等关键岗位员工进行岗前身体状态检测，利用科技手段对其身体状况进行监控、辨识，以便提前规避其工作过程中潜在的危险。通过制作乘客安全应急知识手册、安全乘车宣传视频以及邀请乘客参观、座谈、知识竞赛、模拟演练等方式把相关安全乘车、文明乘车、常规应急设备设施的使用等常用知识，有效地宣传给乘客，增强乘客安全意识及自救逃生能力，避免乘客由于不知道、不会用而引发事故。

（二）设备设施方面

通过科技监测手段，加强设备设施在线监测，实现远程实时动态监控，实时掌握设备设施的状态，及时发出预报、报警并果断采取措施。对隐患设备进行分级分类，强化上报、评估、维保等功能，实现隐患动态管理。掌握故障发生的规律并及时采取有效控制措施，提高设备设施日常维修维护及故障处理的标准化、规范化和精细化管理水平。

（三）环境方面

加强对智能交通运行涉及的保护区域违法施工、违章建筑、违法经商以及滥砍树木、广告侵限等现象的巡查，建立隐患台账，发现隐患及时上报，加强与相关部门沟通协调。高度重视安保与反恐工作，通过各种专业安检设备，在最大范围内对车站关键区域做好安全检查，对乘客做好引导工作和宣传教育，确保乘客有序乘车，安全出行，从而降低安全风险。

（四）管理方面

在地铁开通运营前，需要建立、健全涵盖各专业、各环节的制度和操作规程，使各专业安全管理制度有章可循，促进安全管理制度化、规范化。在实践中，不断提高安全管控标准，完善公司安全生产责任制以及具体落实举措。在车站层面开展班组安全文化建设和安全作业标准，对相关规定进行考核、评比，同时通过合理的奖惩完善绩效考核制度，提高员工的工作积极性，对于重复事故、惯性事故要严格考核。

综上所述，智能交通运营安全管理存在的风险主要源于人员、设备设施、环境因素和管理因素，所以针对以上四个方面提出了相应的智能交通运营安全管理优化对策，希望能够为安全运营积累丰富的参考资料。

第九节　智能交通运营管理咨询

随着我国智能交通建设的快速发展，智能交通的管理咨询业务也在逐渐兴起。目前，国内多个城市，特别是建设首条轨道交通线路的城市，都倾向于采用"管理咨询及服务"采购的模式，以促进轨道交通运营管理水平的快速提高。本节在阐述智能交通管理咨询业务的基础上，着重就智能交通运营管理咨询模式进行分析探讨。

一、智能交通管理咨询的市场背景

21 世纪伊始，我国智能交通的管理咨询业务开始兴起。2003 年，中国国际工程咨询公司受中国国务院委托提交的《关于当前智能交通建设情况和建议的报告》，成为国家制定智能交通政策的重要依据。从此，国内掀起了智能交通建设的大浪潮。基于此契机，北京、上海、广州、南京等多个城市的咨询企业或轨道交通企业，纷纷成立了与智能交通业务相关的咨询公司。

新兴的轨道交通城市及企业 (以下简称"业主") 采购"管理咨询及服务"，主要是由于：①业主经验较为匮乏，尤其是开通首条智能交通线路的业主普遍缺乏管理经验；②业主方技术力量相对不足，国内现有的智能交通领域人才，尤其是运营管理和维护专业人才力量薄弱；③引进现代有轨电车、全自动驾驶、自动导轨系统 (APM) 等新技术后，在运营管理上与常规的地铁线路有较大差异；④特许经营模式迎来新的发展机遇，如 TOD(交通引导发展)、PPP(公私合作) 等方式的引入，使得智能交通管理咨询可以多种方式参与其中。

二、智能交通运营管理咨询概述

智能交通管理咨询，是一种由智能交通运营管理中具有丰富理论知识和实践经验的专家，与业主方有关人员密切配合，辅助业主建立智能交通管理秩序，改进生产与服务的咨询活动。其咨询的核心是根据智能交通线路实际情况，制定管理策略及实施方案，保障新线开通试运营，确保运营安全，解决管理和技术问题，提高管理水平和运营效率，降低成本。

运营管理咨询是智能交通管理咨询的一个重要组成部分。业主在智能交通运营管理上遇到的问题都可以纳入智能交通运营管理咨询的范畴。按照时间轴划分，可以分为运营筹备咨询、运营开通准备咨询、运营管理提升咨询、网络化转型咨询等；从业务模块划分，可以分为经营战略咨询、组织结构咨询、制度体系咨询、管理流程咨询、业务流程咨询、生产管理咨询、设备维护咨询、质量管理咨询、绩效管理咨询、人力资源管理与开发咨询、培训咨询、企业文化咨询、信息化咨询等；从专项角度划分，还可以细分为票价听证咨询、标准化咨询、安全保护区咨询、客服品牌咨询、应急公关咨询等。

国务院下发的 [2018]13 号文件明确规定：城市智能交通建设规划要树立"规划建设为运营，运营服务为乘客"的理念，将安全和服务要求贯穿于规划、建设、运营全过程。因此，运营理念提前介入线路的规划与建设中，以贴合线路开通后运营管理的特点和需求，是智能交通运营管理咨询的重要特征。

三、智能交通运营管理咨询模式

我国智能交通运营管理咨询，根据运营管理合作内容和咨询深度的不同，主要有咨询顾问、以管带教、特许经营等 3 种常规模式。

（一）咨询顾问模式

咨询顾问模式是指依据业主委托，就某个项目或某个方面组建咨询团队，为业主出谋划策，提出切合业主实际需求的方案或行动计划等。

我献策，您决策：根据业主方的需求，咨询团队基于自身丰富的行业经验，制定出切合企业实际的方案与建议，供业主方参考选择。采用哪个方案及实施的程度，由业主自主决定。

咨询内容按需选择：咨询内容以菜单的形式呈现，业主方可以根据自身需求来选择其中的咨询项目和内容。

成果提交：采用咨询报告的方式提交成果。一般不参与方案的具体实施。

咨询内容及形式。咨询方主要是为业主在运营介入、运营筹备及运营管理过程中遇到的各类技术和管理问题提供技术咨询支持和建议方案，包括工程顾问、机电顾问、运营管理顾问等方面。从咨询的内容是否具备全过程或全方位分，咨询顾问还可以分为运营整体咨询和运营专题咨询两种形式。

根据合同规定，服务周期有半年至三年不等。项目现场一般不派常驻团队，而是通过阶段性沟通、方案汇报的方式进行交流，经专家评审和业主会审后提交正式的咨询方案。

业主方的主要权责。业主方是智能交通线路运营管理工作的责任主体，负责线路从无到有、从线到网各个阶段的建设、发展和全方位管理工作，负责线路的经营管理风险和社会公益责任，并可自由支配线路的各类经营收益。

（二）以管代教模式

以管代教咨询模式是指派出覆盖各核心专业的咨询团队，在业主的运营单位担任运营相关管理部门的实际职务，全程参与新线从筹备到开通的所有环节，保证项目按计划推进。同时，以带教老师的身份，辅助业主培养运营管理的核心人员团队，协助业主逐步实现自主管理。

咨询特点。参与运营管理：咨询方派出的咨询团队，在业主的运营单位担任部分中高层职务，直接参与线路运营管理相关事务，并承担相应管理职责。全过程带教：协助业主进行人员招聘、培训、人员考评等工作，辅助业主逐步建立管理人员和技术骨干团队。成果提交：除了咨询报告外，更多的是考评线路运营管理和人员培养的实际成效。

咨询内容及形式。咨询方在运营筹备、运营接管、人员培训、计划财务、企业管理、设备保障等方面提供全过程运营管理服务，确保智能交通线路如期、安全、顺利地开通；建立符合业主运营实际的管理模式，形成运营管理的相关规章、制度、方案、工作流程和工作机制，指导逐步形成先进的运营管理团队和技术队伍，为合同期满后业主可自主运营管理奠定坚实的基础。

服务周期一般包括 3 年运营筹备期和 1 ~ 2 年的运营保驾期。咨询方派驻的是在智能交通领域具有丰富的运营筹备、接管及运作经验的团队（约 15 ~ 20 人），常驻项目现场，人员涵盖运营管理、行车组织、客运管理、乘务管理、通信信号、机电、车辆、供电、工务房建等各个主要专业。此外，根据项目具体实施进度和业主需求，分阶段、分批次派遣各专业的资深专家到项目现场进行短期业务指导。

业主方的主要权责。咨询方负责部分或全部运营业务的管理，业主方负责运营工作的具体组织和实施。线路在运营接管、系统调试、开通运营各阶段的责任主体和运营权益均为业主方。

（三）特许经营模式

咨询方以运营商的身份，接受业主对新线运营管理的整体委托，或经参与 PPP 模式进入项目。运营商根据特许经营协议和其他法规，负责线路设施的运营和维护，获取票款和其他非票务收益，或收取管理佣金。特许期结束后，运营商将设施交还给业主，或移交给市政府或其指定机构。

1. 咨询特点

组建运营公司：运营商负责组建专业管理团队和核心技术团队，建立智能交通运营公司。

全程服务：工作内容囊括了线路开通前后的所有运营及维护的管理，并负责具体实施。业主方无须操心具体的运营管理事务。

管理自主权：在特许期内，运营商拥有线路运营管理自主权，业主原则上不参与各类资源的运作和管理。

接受监管：运营商对线路的运营安全、生产指标、经营风险等全面负责，并接受业主及政府的监督和检查。此外，运营商有义务尽最大努力提高运营管理效率来尽可能降低运营成本或减少资本性支出。

2. 咨询内容及形式

一般分为整体委托运营和组建合资公司两种方式。两者最大的区别在于，合资公司是由双方共同出资组建运营公司，运营商开展运营维护工作，双方共同承担风险和责任。

获取智能交通线路特许经营权的企业，其特许经营的年限一般较长，多为 15 ~ 30 年。运营商将安排专业管理团队和核心技术团队至现场，组建运营公司，进行公司运作、生产管理、人员管理等各方面工作，使线路运营管理所需的各类资源实现最优化组合，从而达到安全可靠、高效运营的目的。

3. 业主方的主要权责

业主方为运营商提供合同约定的运营资金拨付、运营管理政策支持、运营管理配套条件构建、客流培育方案支持等。在合同有约定的前提下，业主还可按约定比例享有经营收益。

第六章 智能交通与物联网技术的创新研究

第一节 轨道交通智能监控的物联网技术

随着中国科学技术和经济社会的快速发展，物联网技术也得到迅速发展。由于能源危机在全世界范围内成为人们的关注焦点，同时在日益严重的环境污染这一情况下，物联网技术受到了人们的广泛关注。在物联网技术发展中，技术人员应加强对高新技术的研究和高素质人才的培养。此外，物联网技术作为中国的一项新技术，在中国经济发展中发挥着重要作用。在此基础上，分析了电气工程技术在物联网技术设计中的应用，以促进我国物联网技术的健康发展。

随着我国科学技术的飞速发展，物联网技术及其轨道交通智能监控系统的应用越来越广泛。与此同时，中国目前的物联网技术正处于快速发展阶段，因此电气工程行业必须抓住这一机遇，充分发挥物联网技术的优势。因此，加强对物联网技术的理解，更好地将其应用于轨道交通智能监控系统，是当前物联网技术的首要任务。随着物联网技术和智能工程相关企业需求的不断增加，有必要对物联网技术轨道交通智能监控系统的应用进行深入研究和分析。它还有助于促进物联网技术和电气工程相关公司的健康和快速发展。因此，可以看出，物联网技术的合理应用不仅可以为轨道交通智能监控系统的正常安全稳定运行提供有效保障，它还促进了电气工程自动化的可持续发展。

物联网技术是指通过计算机系统对机械设备的运行和技术事故的处理进行监测、控制和管理。自动化控制技术，机械控制技术等，可以有效提高物联网技术的运行效率和管理水平。

轨道交通智能监控系统机械种类繁多，机械接口、电气工程接口、电源接口等模块化研究和生产强度不统一，很难将多种功能集中在一起进行研究和开发。例如，很难集成具有视觉、图像处理，识别和测距功能的模块。然而，无论是用于电气工程技术产品的生产还是用于处理标准单元结构的企业，模块化发展带来的优势都不容忽视。模块化的发展将是必然趋势，模块化的应用也将具有良好的前景。

一、物联网技术在轨道交通智能监控系统中的应用现状分析

（一）物联网技术不足以管理轨道交通智能监控系统

物联网技术和电气工程相关公司的重点是制造机械和其他大型电气工程生产设备，因此，轨道交通智能监控系统的重要性还不够。同时，关于物联网技术和系统运行的自动化技术的技术讨论，通信工作和应用的经验回顾会议尚未得到充分重视。电气工程制造企业的整体分领导模式，统一的领导和分层管理系统，使电气工程制造系统的智能化和自动化运行在各个层面，由于网络化学习管理机构的管理效果更加突出，这在一定程度上促进了物联网技术的发展。

（二）轨道交通智能监控系统不够重视

由于放弃传统技术思想的困难，各级电气工程制造企业的领导者对轨道交通智能监控系统的关注不够。同时，由于意识形态概念的转变太慢甚至不愿改变观念，轨道交通智能监控系统的供应还不够。掌握专业知识的相关技术人员也模糊不清，这使得轨道交通智能监控系统不易在物联网技术和电气工程企业中取得成果。另外，在开发阶段开始时，诸如计算机的智能设备具有相对简单的功能，这对轨道交通智能监控系统的操作有影响。同时，由于问题发生后缺乏及时充分的维护和保养，轨道交通智能监控系统的应用也受到很大影响。

二、加强物联网技术在轨道交通智能监控系统中应用的措施

（一）加强轨道交通智能监控系统的管理

轨道交通智能监控系统将涉及各种专业知识和技术部门的实际操作工作内容。例如，通信技术，自动化控制技术，机械控制技术和机器制造的维护技术等。这些智能工程和技术的管理，是轨道交通智能监控系统正常运行的首要条件，是确保所有工作设备的正常运行的基础。此外，还需要协调各技术部门的工作，系统地管理与物联网技术相关的各种设备的维护和正常运行。另外，在规划过程中要注意各种技术和设备的管理和控制，及时进行质量检查，确保各种设备的生产符合相关的技术规范和要求。总的来说，轨道交通智能监控系统是一个复杂的系统工程，具有更全面的工程内容。因此，为了确保物联网技术和轨道交通智能监控系统在电气工程制造企业中得到更广泛的应用，要团结各个部门的电气工程制造企业，做好协调工作，实现密切配合。

（二）加强对物联网技术和轨道交通智能监控系统的重视

由于物联网技术和轨道交通智能监控系统的高技术含量，还需要确保各级电气工程制造企业的领导者对该系统给予足够的重视。通过建立相关的技术专业机构，可以大力发展物联网技术和轨道交通智能监控系统，培养掌握核心技术的专业人才。其次，除了成本考

虑外，在选择设备时应充分考虑设备的技术应用。要严格按照相关技术标准和要求做专业设备调试，以保证专业设备的正常应用。

（三）加强物联网技术在轨道交通智能监控系统中的故障诊断

由于电气工程自动化系统运行涉及的因素很多，因此在运行中难免会产生各种各样的故障。但是，很多故障并不是突发的，在出现故障前也会出现很多的预兆，这些故障的预兆可以通过物联网技术辨别出来，从而帮助工作人员对故障进行诊断，帮助工作人员对故障进行及时且有针对性的处理，这样能够帮助轨道交通智能监控系统的运行更加安全、稳定，保证轨道交通智能监控系统运行的效率和效果。

综上所述，物联网技术及其轨道交通智能监控系统的应用可以智能地应对电气工程制造过程中的各种现象，确保最佳运行效果。电气工程企业需要更严格的物联网技术操作方法，有必要确保电气工程制造的连续性和稳定性。同时，还要加强对物联网技术和轨道交通智能监控系统的管理，使电气工程制造企业的各个部门能够团结起来。做好协调工作，实现密切协作。随着物联网技术的逐步应用，物联网技术和系统可以促进电气工程制造的智能化管理，确保电气工程制造企业的安全生产和标准化运作。它还为中国制造业和工业企业的发展提供创新方法和技术手段。

第二节 基于物联网技术的智能交通标志

道路交通标志利用颜色、形状、字符、图形向交通参与者传递信息，但是目前的交通标志牌显示信息单一，信息不能及时变换、更新，从而带来了交通隐患。基于物联网技术的智能交通标志，利用气象感应器及无线传输的方式，可将多种警告标志通过 LED 点阵的合理布设，合并在同一块标志板上，并利用感应器采集的信息，通过 Zigbee 无线模块通信传输到控制标志牌的单片机系统，经过接收分析后，控制标志牌上相应的 LED 点阵图形，在同一块标志牌上及时变换警示、提醒、限制等信息。实现多种道路信息集成化以及道路信息的智能化。

交通标志是用图形、符号、文字、颜色向驾驶人及行人传递特定信息，用以管制、警告以及引导交通的安全设施。目前，交通标志显示内容单一，仅能显示一种固定信息，不能随时根据需要在同一块标志上转换，导致相应的限制、提醒等信息得不到及时发布，给道路行车安全带来隐患等问题。而国内高等级公路上对于即时信息的发布主要采用 LED 显示屏的发布，虽然这种交通诱导屏有较好的警示效果，能够给驾驶人一个应急响应的提示，但是此显示屏需要铺设光纤电路，对于架设地点存在一定局限性，且 LED 显示屏造价高，经济性不佳。

本设计根据道路条件、当地的气候条件及道路安全情况，在特定路段设置相应传感器，通过无线传输将传感器检测的信息传送至智能标志牌的单片机控制系统，控制系统可利用事先建立的气候环境条件与车速的模型，计算出相应的限速值，系统通过控制 LED 灯的点亮与熄灭将相应的警示标志与限速标志反映在标志牌上，即时发布相应不利行车条件的提醒与限速信息。

一、智能交通标志设计概述

（一）系统设计思路

本系统考虑根据当地气候条件及道路安全情况，在特定时间段的特定路段安装布设无线气象传感器（例如：温湿度传感器、风速风向传感器、降雨量传感器、能见度传感器等），把各个传感器实时检测的数据利用 Zigbee 无线模块传输，由智能标志牌的单片机控制系统接收分析，由交管部门事先设定参数信息或者直接由单片机编入的公式程序输出相应路况提醒信息。一方面，传送给控制指示牌的单片机，由其控制标志牌上的 LED 点阵，从而实现对交通指示牌的自动控制；另一方面，经自主网络 Zigbee 无线传输给 PC 上位机，存储并建立相应数据库，给交管部门对道路信息情况的管理、控制提供一个智能化的平台。

（二）系统模块设计

1. 信息监测传感器模块

传感器是指能感受规定的被测量对象，并按照一定的规律转换成可用输出信号的器件或装置。在此控制系统中，采用性价比合理的气象传感器对不利天气进行实时监控，并将信息及时传送给单片机处理。与传统的人工检测相比，传感器具有检测精度高、范围广、样本容量大、成本低等优点。

2. 单片机及无线通信模块

集成度高且功能强大的单片机是智能交通标志的控制中心，其主要功能是将传感器所测得的各种电信号进行获取、处理，并计算出相应的工程量，按一定的格式存储。单片机能够测量多路由传感采集到的模拟信号，通过编程控制，对数据进行处理。将与标志牌逻辑关系对应的数据进行存储及传输，即智能控制。

单片机的输出数据可通过 Zigbee 网络进行自主传输。Zigbee 技术是一种近距离、低复杂度、低功耗、低成本的双向无线通信技术。为智能控制而建立的 Zigbee 网络，具有简单、使用方便、工作可靠的特点，主要用于距离短、功耗低且传输速率不高的各种电子设备之间进行数据传输以及典型的有周期性的数据、间歇性数据和低反应时间数据传输的应用。

JN5121 是一款兼容 IEEE802.15.4 的低功耗、低成本的无线微型控制器。该模块内置了 32 位的 RISC 处理器，配置有 2.4GHZ 频段的 IEEE802.15.4 标准的无线收发器。系统内部带有 64KB 的 ROM 和 96KB 的 RAM，为无线传感网络提供了多种多样的解决方案，同时高集成度的设计简化了整个系统的开发成本。JN5121 内置的 ROM 存储器集成了点对点通信与网状通信结构的完整协议；而内置的 64KB 的 RAM 存储器，可以支持网络路由和控制器功能而不需要外部扩展任何的存储空间。内置的硬件 MAC 地址和高度安全的 AES 加密算法加速器，减小了系统的功耗和处理器的负载。它还支持晶振休眠和系统节能功能，同时提供了大量的模拟和数字外设的相互操作支持，可以方便地连接到智能标志的外部应用系统。

3. 数据库模块

上位机是指可以直接发出操控命令的计算机，一般是 PC，屏幕上可以显示各种信号变化。上位机接收到下位机传输的数据后，将数据存储于建立的数据库中，便于对数据的统计分析，日后对此道路标志牌的设置会更加科学。

4. 布有 LED 点阵的标志牌部件

标志牌：按照《道路交通标志和标线》GB5768-2009 规定的道路交通标志的分类、颜色、形状、字符、尺寸、图形等的要求设计、制作交通标志牌，粘贴反光膜。

LED 点阵：将警告标志和禁令标志分开合理设置 LED 点阵，根据标志牌的图案或字符特点选择合适孔径和孔间距，保证在特定环境条件下能清楚显示标志牌内容。

电源：DC12V，由太阳能电池供给。

二、基于物联网技术的智能标志应用前景

拓展空间大：可以在温湿度传感器的基础上，安装降雨、降雪、横风等其他传感器，取得更为全面的交通警示效果，提高道路行驶安全性。也可以通过无线模块的信息传输，把传感器获得的路段信息与车联网结合，通过广播、短信等方式提前告知驾驶人。

成本低：智能交通标志在一块标志牌上实现了多种指示功能，相当于设置了多个不同的交通标志，节约了资源和成本；通过无线模块传输信息无须通信费用，与传统 LED 显示屏相比造价低、经济性好。

在地理条件复杂处设置：智能交通标志和普通标志一样，无须布设通信线路，因而都能在地理情况比较复杂的路段布置。而与普通 LED 屏相比，智能交通标志能实现针对道路情况进行实时反馈的功能，且更能适应复杂的地理条件。

可在危险路段连续设置：智能交通标志可以在无线覆盖范围内 (2~4km) 进行连续布置，对道路情况进行实时、连续的提醒，尤其是在气候多变、路况复杂、道路设计采用极限值的区域，可使驾驶人对整个路段情况都有比较全面的把握，提高行车安全和行车效率。

作为临时交通警示牌：在道路进行维修施工或道路局部出现突发状况时，可以临时设置智能交通标志牌，能在较远的距离进行预警，使车辆减速或者绕道行驶。

基于物联网技术的智能标志牌实现高度集成化，将多种标志集合在一块标志板上，克服了传统交通标志指示信息单一，LED 显示屏造价高等缺点。并且依托物联网技术，实现无线传输信息，利用 Zigbee 无线双向传输技术，无须布设线路，尤其在交通条件以及

硬件设施条件受到限制的情况下有良好的应用前景。实现了数据采集、逻辑运算及信息发布全过程智能化，无须人工干预，避免了更换不能反映实时信息的标志牌的人工操作，智能可靠，节约人力。

第三节　人脸识别与物联网智能交通

我国在大规模城市扩张的同时，基础设施建设和管理改革模式相对落后，导致"城市病"变得越来越严重。爆炸性的城市人口增长和该市车辆数量的快速增长已导致城市交通面临障碍和发展瓶颈。主要瓶颈是：严重的城市交通拥堵，导致旅行时间增加和消耗大量的能源；严重的交通安全问题，频繁发生事故；噪声污染和空气污染日益严重。交通安全是城市发展的主要问题之一，需要及时解决。在全球人员伤亡事故中，交通伤亡是其中之一，且是造成人员伤亡的主要原因。统计显示中国在 2016 年内，发生了 8644.3 万起交通事故造成 63093 人死亡，12.1 亿元人民币的直接财产损失；2017 年 5 月，交通网络数据显示，中国某城市发生 787 起交通事故。2016 年京沪高速公路段，包括由疲劳驾驶引起的 414 起交通事故，并且说明了约占事故总数的 52.6%。因此，疲劳驾驶是造成重大交通事故的主要原因，所以实时监控驾驶员疲劳状态具有重要意义，有利于减少交通事故的实际意义伤亡。

一、基于人脸识别的物联网智能交通系统理论框架

为了解决交通安全问题，世界各国都对驾驶过程给予了全面的考虑，包括车辆调度和车辆操作的整体控制安全性。智能交通系统（ITS）出现并不断发展起来。智能交通系统（ITS）充分利用物联网、云计算、互联网、人工智能、自动控制、移动互联网，以及运输领域的其他技术。

它通过高科技收集交通信息并管理整个交通各方面以及私人交通、公共交通和其他交通区域交通建设和管理过程的支持管理，使运输系统中地区，城市，甚至更大的时空范围感知、互联、分析、预测、控制，并可以充分保护交通安全，发挥交通基础设施的有效性，这样还可以提高运输系统运行效率管理水平，促进公共旅行和可持续发展经济发展服务。目前，智能化运输系统也得到广泛的应用。例如，智能交通预测系统新加坡的（ITPS）包括计算机化的流量信号系统，电子扫描系统，城市高速公路监控系统，联合电子眼和道路收费系统，预测一段的时间超过预定的交通流量。它可以帮助交通管制员预测交通流量，防止交通拥堵。斯德哥尔摩，瑞典推出了新的智能收费系统，这使流量减少了 22%，排放减少了 12% 到 40%。

智能交通系统的目标是通过人、车辆和道路密切合作，提高运输效率，缓解交通拥堵，

改善道路网的容量，减少交通事故。目前，有许多关于智能交通的系统的研究。例如，曾有学者以我国洛阳为例分析了智能的架构运输系统并给出了整体框架、系统功能、数据库结构和最佳路径智能交通系统分析方法，还有学者提出了一个智能城市基于物联网的交通系统，使用群体智能感知技术实现信息收集和使用广播和电视技术、手机技术和车载网络实现信息共享的技术。并分析了现有智能交通系统的关键技术，指出了迫切需要解决的问题和研究它的前景。然而，关于研究疲劳驾驶引起的交通技术很少。因为疲劳驾驶是其交通事故的主要原因，有必要研究智能交通中的疲劳驾驶技术。在疲劳驾驶检测方法中，有主要基于驾驶员的生理信号检测，基于驾驶员的操作行为和车辆状态检测，也有基于驾驶员的面部表达检测。大多数这些测试都依赖于图像加工技术，以获得驾驶员的疲劳特性数据。

目前，智能交通系统（ITS）集成了先进的物联网、大数据等技术，云计算，无线传感器和人，汽车和道路更协调，使公共交通服务和旅行服务体系更加人性化和智能化。它涵盖铁路、高速公路、民用航空和其他领域。由于每个领域的内部管理系统相对成熟，ITS 要解决的问题是如何整合多个平台内的信息，分析挖掘数据后的潜在数据，并为用户提供更好的服务。在智能交通系统中，行人、周围的交通灯、照相机、车辆标志和其他基础设施作为传感终端连接形成了城市道路网络信息系统。通过射频智能识别终端识别（RFID）、GPS 和红外线感应灯，并根据某些协议持续交换信息。

二、基于人脸识别的物联网智能交通系统的关键技术分析

基于人脸识别的物联网智能交通系统框架中的智能交通传感器层主要负责用于收集车牌号等数据，由智能识别设备读取，而网络层主要负责传输数据信息，传输收集的数据通过互联网从每个点到数据中心。支持层主要实现并行处理和优化大量信息和动态分配并部署存储资源，应用层主要包括信息存储和处理系统和综合控制系统。该系统涉及收集大数据，大数据的存储和集成，处理和挖掘不同类型的数据。因此，大量技术被用于完成智能交通中各层的工作系统。基于人脸识别的物联网智能交通系统关键技术包括如下几个方面。

（一）用于大数据的分布式存储技术

在智能交通领域，整个系统处于独立的信息状态，而且数据很难互相传播。因此，智能化的运输系统通过云计算技术形成交通数据的智能管理。智能交通云利用云计算的优势，如存储质量、信息安全和资源的统一处理，并提供了一种新的数据共享解决方案，用于有效管理运输领域。

（二）数据处理技术

由于智能交通中的大量数据以及数据的多样性和异质性，同时数据处理通常也需要实时准确。因此，智能运输使用了数据融合、数据挖掘、数据激活、数据可视化和其他数据

处理技术。数据融合技术是一种综合的数据处理技术，其涉及人工智能、网联、决策等领域。它可以检测、沟通，并从三个层面分析多源信息：数据层、要素图层和决策层。数据激活是一种新的数据组织和处理技术，它具有存储、映射、计算等功能。它可以随着对象的变化而独立发展，并根据用户自行重组以适应自己的数据。

（三）智能识别和无线传感技术

智能识别和无线传感技术是最重要的物体识别和传感技术，是整个智能交通的基础施工。智能识别通过智能设备读取独特的条形码、二维码或 RFID 标签项目。通过阅读这些电子标签，它读取该项目（事件）独特的功能和位置信息，然后传输这些信息到上层系统进行识别并最终作出决定。在智能交通网络中，每个信息收集点相当于一个在无线传感器中设置的节点。他们负责交通环境的收集和处理信息然后发送到其他节点或聚合节点；聚合节点将接收信息融合处理后的每个节点然后传到了下一个层次。作为物联网底层网络，无线传感器网络提供一种更安全、可靠、灵敏的智能交通解决方案。

（四）图像智能分析的应用技术

因为 ITS 有很多视频图像和其他数据，所以为了有效捕获驾驶员的面部信息，图像智能分析技术被用于处理 ITS 中的视频图像数据。智能图像分析和处理技术采用智能神经网络技术将有用的人或物体与视频图像通过分层处理分开。借助计算机的强大的数据处理功能，这项技术可以快速分析视频图像数据并过滤掉冗余信息。自动分析和提取视频源中的关键信息将提供有用的信息监视，例如，基于图像识别技术，传递数据可用于识别车牌号等。为了搜索图片，我们可以拦截车辆特征搜索车辆。通过分析司机的视频，我们可以判断司机的驾驶状态，如疲劳、驾驶过程拨打手机等情况。

综上所述，随着世界汽车数量的增加，智能交通系统已成为一个解决现代交通问题的重要手段。智能运输系统（ITS）涉及图像处理、智能识别、机器视觉等跨学科的技术。本节分析基于人脸识别的物联网智能交通系统理论框架，提出了基于人脸识别与对比技术在当代物联网智能交通中的应用与探索的关键技术，对图像处理在智能交通领域的应用做了一定的补充。

第四节　AR 与物联网融合技术与智能交通

无论是发达国家还是发展中国家，道路建设速度永远赶不上汽车增长的速度，交通拥堵越演越烈，与之相关的环境污染等问题也愈发严重，这些问题不能仅靠政府颁布限购、限号等政策来治理，需要用智能交通来解决。

智能交通系统通过在基础设施和交通工具当中广泛应用先进的感知技术、识别技术、定位技术、网络技术、计算技术、控制技术、智能技术等对道路交通进行全方面感知，对交通工具进行全程控制，对每一条道路进行全时空控制，以提高交通运输系统的效率和安全，同时降低能源消耗和对地球环境的负面影响。智能交通系统是一种实时的、准确的、高效的交通运输综合管理和控制系统。

一、AR 与物联网技术的概述

AR 技术即增强现实技术，它是一种将真实世界信息和虚拟世界信息"无缝"集成的新技术，借助显示技术、交互技术、多种传感技术和计算机图形与多媒体技术将计算机生成的虚拟环境与用户周围的现实环境融为一体，使用户从感官效果上确信虚拟环境是其周围真实环境的组成部分。概括地说，增强现实技术是借助计算机图形技术和可视化技术产生现实环境中不存在的虚拟对象，并通过传感技术将虚拟对象准确"放置"在真实环境中，并呈现给用户一个感官效果真实的新环境。

物联网技术是新一代信息技术的重要组成部分。顾名思义，"物联网就是物物相连的互联网"。其有两层意思：第一，物联网的核心和基础仍然是互联网，是在互联网基础上的延伸和扩展的网络；第二，其用户端延伸和扩展到了任何物品与物品之间，进行信息交换和通信。因此，物联网的定义是通过射频识别（RFID）、红外感应器、全球定位系统、激光扫描器等信息传感设备，按约定的协议，把任何物品与互联网相连接，进行信息交换和通信，以实现对物品的智能化识别、定位、跟踪、监控和管理的一种网络。

二、AR 与物联网融合技术解决方案

针对城市重点交叉路口、重点交通枢纽、常发交通拥堵点、交通事故多发点和一些重点路段等，高新兴提出了基于 AR 与物联网融合技术的解决方案。

AR 与物联网融合技术解决方案，实现了将视频画面的交通场景进行结构化描述、可视化展示、扁平化互动。系统将 AR 与大数据、业务平台相结合，充分利用现有智能交通先进技术、设备与业务平台，创新性地开发虚拟标签的增强现实标注技术、增强现实摄像机的 3D 自动定位技术，率先引入无人机、汽车电子标识等新技术，实现业务系统深度融合、信息资源共享，有效提高整体与各子系统效能的发挥，以视频码流作为地图真实指挥场景，服务于交管指挥中心，开创了指挥中心城市交通指挥管理的新模式，提升了交通的服务水平和运行效率。

利用自身的 AR 技术优势和对交通业务的深入探索，打造业界首创交通监测云行系统。云行系统着眼于城市重点区域的交通运行综合监测，能够精准把握城市路口的交通态势，助力路口交通管控，实现路口交通指挥调度。云行系统具有视频实景地图、GIS 地图应用、视频高低联动、道路信息可视化管理、道路运行状态实时监测、道路态势评估研判、车辆位置联动管控、实景化视频警力调度、布控告警快速处理、交通大数据研判等功能。

（一）道路运行状态实时监测

通过实时调用各业务子系统的数据，把各自独立的数据联系到一起，全方位实时展示道路运行状态。道路的信号控制状态、交通拥堵状况、交通诱导信息、交通违法抓拍情况、过车数据等道路运行状态都在系统内实时变化呈现。

（二）交通态势评估研判

交通拥堵指数和道路服务水平是评价全路网或者区域路网的交通状态的重要指标。交通管理者及交通参与者可以通过交通指数的变化及时采取相应措施，减少拥堵的发生。而道路服务水平更是直观反映了道路交通拥堵、交通事故、环境污染、能源消耗等问题。

云行系统界面可通过选配的交通态势监测单元和对接用户的交通态势系统在云行视频主画面显示当前路口或者路段的交通拥堵指数和服务水平等级；同时利用大数据分析技术进行研判分析，实现对重点区域交通现状的科学分析。

（三）实景化视频警力调度

系统支持实时可视化警力调度功能，通过对接警员携带的手持警务终端、对讲机、执法记录仪等设备，进行地理位置信息的坐标映射，能实时定位出警员在视频画面中的具体位置，指挥中心人员可根据现场实际情况，调整警力分布，指挥员可点击标签获取警员相关信息，进行警力调配和视频联动。

（四）布控告警快速处理

布控车辆经过该路口后云行系统进行自动识别，将车辆的具体信息实时显示在系统主界面内，再利用视频警力实时调度功能即可对布控车辆进行快速处理。

（五）交通大数据分析研判

城市里的"人、车、路、环境"综合影响着城市的交通，尤其是随着城市汽车保有量的持续增长，道路上的车辆与道路交通秩序和交通安全息息相关。

云行系统里利用后端数据平台结合其他智能交通子系统对重点区域的车辆信息进行重点研判。车辆违法信息研判包括违法类型的分析、违法区域的分析和违法多点位的统计。过车统计包括全域过车量的分析、重点路口过车量的分析和车辆类型的分析。

（六）重大活动安保

通过在二维地图上勾画重大活动路线，系统自动联动路线附近的运行高点和低点监控、诱导等智能交通设备。同时通过右边的设置界面，设置路口相应高低点视频的预置位、相应信号机的相位和启动倒计时时间和锁相时间，也可设置相关诱导的显示状态。

当重大活动路线启动时，系统将根据预先制订好的信号机方案诱导屏显示内容、低点切换时间执行预案。并且通过对活动车辆在二维地图和实景地图上进行定位显示，实时切换高点视频画面，实现活动车辆动态全程追踪。除此之外，相关人员可根据实际情况手动切换或锁定信号相位，切换低点视频画面，从而保障活动车辆一路畅通。

（七）道路交通管制

道路管制列表存放要执行的任务，点击列表按钮可查看附近的管制道路信息，并进行相应操作。通过高点视频绘制管制路线并录入相关信息来新增管制任务，同时可通过二维地图查看已被管制路段的信息。管制任务执行时，路段管制时间结束会闪动提示，并显示"管制时间已到"，出现"延长管制"和"撤除"按钮，需要先连线附近交警后才可以进行管制撤除。

三、关键技术

（一）AR 增强现实技术

业内首创基于实时视频的增强现实技术，能对监测场景进行丰富的信息标注，实现静态背景的结构化，方便视频数据提取和分析，同时也具有空间位置、姿态感知能力等功能。通过增强现实技术，不仅能够获得视频背景的结构化描述信息，还可以通过视频联动汇聚已有的低点监测视频，在当前监测画面中以画中画形式呈现目标摄像机的监测画面，并可以跳转到目标摄像机。

（二）动静态标签标注及跟随

研究 3D 自动定位技术，在设备内置高精度可变倍镜头，利用坐标自标定算法实现标签位置的实时更新，使得虚拟标签准确地跟踪物体。研究带地理位置定位信息的动态标签在视频画面内的标注及跟随。

（三）基于视频地图引擎的 VGIS 平台技术

VGIS（Video Geographic Information System）视频地理信息系统，VGIS 平台以视频为基础，以 AR 技术为核心，以地理信息技术为支撑，提供实景地图服务、地理位置信息定位服务、数据服务，以服务于各种交通业务应用、信息共享和决策支持的可视化。

（四）交通大数据技术

研究基于全体系交通大数据的超融合技术，在交通数据的感知上，实现传统交通检测数据、AR 增强现实视频数据、汽车电子标识数据、互联网交通数据、其他相关数据（如交通环境数据、其他业务部门数据）等全体系、全类型的交通数据的采集和感知。在数据的分析上，实现复杂交通数据融合的融合模型，最后运用大数据技术实现交通大数据的深度应用。

（五）汽车电子标识技术

汽车电子标识技术能将车辆注册信息写入电子车牌内芯片，由读写器读出车辆相关信息后，再通过通信技术把车辆相关的信息传输给后台计算机进行处理，最后得到最实时、真实的交通数据。汽车电子标识有能够实现快速识别、安全可靠、识别率高等特点，并且能够配合其他车辆信息采集方法（如视频、卡口采集），识别套牌车辆，检查盗抢车辆，实现城市车道级交通流量全覆盖采集，为车辆的精细管制、车辆的交通诱导、交通管理方面的决策制定提供支撑。

（六）无人机实时视频 AR 增强现实技术

研究了基于无人机实时视频的 AR 增强现实技术，通过在 AR 增强高点摄像机画面中以画中画方式呈现无人机视频画面，解决了无人机视频监控盲点的问题，并且能够同高点视频画面配合，进行车辆的可视化追踪；通过对无人机实时视频进行增强现实标签标注，解决了无人机视频不直观、无法和画面范围内其他监控和业务资源互通的问题，能够实现基于无人机画面的标签搜索定位跟随、高低视频联动和业务集成，为交通管理中的交通态势感知、交通违法抓拍、交通事故处理提供有力支持。

（七）在交通领域的应用

解决方案主要是服务于城市交通管理部门，致力于城市交通运行监测，尤其是城市重点交叉路口、重点交通枢纽、常发交通拥堵点、交通事故多发点和一些重点路段等等，辅助交通管理部门进行交通管控、交通态势监测和交通可视化指挥。另外在高速公路也具有应用价值，如高速服务区、收费站、高速互通等场景具有极大的应用价值。

解决方案在应用上有很高的适应性和可塑性。根据不同的应用场景，系统通过联动不同应用子系统，贴合业务实战，锁定用户的关注点。在主要路段和路口，系统能够结合交通管理业务子系统，针对交通拥堵、交通事故、交通管制等交通事件进行现况了解、问题分析、问题处理，使交通管理人员足不出户而尽知城市交通路况、解决交通问题。在机场、高速服务区、公交站场等人流密集的交通枢纽，系统结合人车防控、信息发布、停车管理、人员指挥等系统，对重点人员、嫌疑车辆、假套牌车辆进行精准打击，使区域内突发事件能够及时检测、快速处理，保障区域内秩序稳定、运行高效。

解决方案已经在多个城市得到应用，如清远、深圳、重庆等地，特别是在 2018 年清远国际马拉松赛事安保及交通管理上发挥了重要作用。在清远马拉松赛事中，接入了赛事沿途监控视频 3000 多路，同时还有无人机、信号控制、电警卡口、交通诱导这些系统，实现赛场内外交通态势全面监测，全程为与赛人员保驾护航。

基于 AR 与物联网融合技术在智能交通领域的应用与传统的 ITS 不是"复制"关系，也不是前者为工具或技术手段、后者为理想目标的关系。AR 与物联网融合技术在交通领域的应用与发展 ITS 相辅相成。针对城市交通的微观管理，特别是容易忽视重要区域和路口的微观交通环境对整个路网交通运行状态的影响。高新兴提出的基于 AR 与物联网融合技术的智能交通解决方案给出来一种切实可行的解决办法，在清远等多地市得到了应用，解决了交通管理的实际问题，开创了城市交通指挥管理的新模式，对城市智能交通建设的意义重大。

第五节　公路智能交通系统的无线物联网

面对日益严峻的交通状况，传统的交通技术和手段已无法处理。智能交通是一个基于现代电子信息技术面向交通运输的服务系统，可以有效地利用现有交通设施，减少交通负荷和环境污染，保证交通安全并提高运输效率。因此，公路智能交通系统已成为当今研究的热点。基于 LTE 和 IPv6 技术，研究了面向公路智能交通系统的无线物联网应用技术。最后给出了详尽的公路无线物联网的整体框架与技术实施方案，并对相关方案的可行性进行了论证。

新一代无线宽带技术的发展，为实现更宽的传输带宽、更大的地址规模、更复杂的网络环境的通信应用带来了可能。本节致力于新一代无线宽带技术在交通领域内的应用，探索新一代无线宽带技术在公路交通信息化、智能化中的典型应用，研究了公路交通信息化过程中所需要的无线通信关键技术，为新一代无线宽带技术在交通领域内的推广和应用奠定了基础。

作为信息化产业的第三次浪潮，物联网将服务对象从人扩展到物，为推进我国工业化与信息化的融合、促进产业化升级带来了新的机遇。智能交通作为物联网产业链中最重要的组成部分，将成为未来物联网产业发展的重点领域。IPv6、LTE 等新兴技术的发展，带来了物联网应用模式的发展。本节将研究如何支持这些新兴技术在智能交通领域中的应用，论证基于新兴通信技术的物联网在公路信息化中的特点和优势，研究面向智能交通的公路无线物联网的体系架构和此体系架构中的关键技术，为物联网在智能交通领域中的应用得到新的扩展提供前沿研究。

本节提出了公路无线物联网的整体框架与技术实施方案，并论证了实施方案的可行性；验证了公路无线物联网的关键通信技术，研究了公路无线物联网的典型应用，开展了公路无线物联网为提高交通效率、增强交通安全、减少交通污染的创新性研究，以期为我国公路信息化的发展奠定基础。

一、公路无线物联网的体系架构、总体技术框架

本节在公路无线物联网的体系架构和技术框架方面将致力于以下三个方面的研究：

·完成面向公路路网信息化的无线移动通信新应用相关框架设计；

·开展公路无线物联网关键技术攻关方向的研究；

·提出公路无线物联网在智能交通领域内的典型应用，为我国公路信息化的未来发展奠定基础。

在未来的公路无线物联网中，道路与车内的传感器网络将提供丰富的交通信息，路边

基础设施、车辆、终端用户将通过新型（无线）通信技术形成一张综合网络。该网络在交通系统中的功能是多方面的：

·交管部门可以通过该网络及时获取与发布交通信息，有效地管理交通基础设施与路面交通；

·交通基础设施可以自动地根据路面交通状况进行智能调节；

·交通参与者可以获取更全面的交通信息、出行建议和路上服务，获得高效安全的交通服务；

·在节能环保方面，整个交通网络更高效率地运行将提高能源利用率、减少环境污染。

为实现如上所述的高效、安全、节能的交通环境，面向公路智能交通系统的无线物联网将发挥关键作用。

最底层是由车内传感器和车载嵌入式设备以及路边设备中的传感器组成的不同层次和类型的无线传感器网络。经由中间层的通信网，底层传感器网络采集到的数据可以传递到上层应用服务器。在应用服务器中数据经过融合和处理成为更有效的交通信息，可以为各种重要的交通服务（如智能物流、交通事故应急处理等）所用。同样的，上层应用服务器也可以通过通信网把生成的交通指令或者其他业务指令发送到底层，以形成上下层的双向控制。这种数据传递的双向性为无线物联网在智能交通上的应用打下了牢固的基础。

本节中公路无线物联网的整体技术体系框架包括感知层技术、网络层技术、应用层技术和公共技术。

·感知层的数据采集主要用于采集公路上物体的状态和数据，包括各类车辆的位置信息和行驶状态、公路上各类智能移动终端的状态，还有一些路边传感器的实时数据等。公路无线物联网的数据采集涉及传感器、RFID、无线通信、多媒体信息采集等技术。传感器网络组网和协同信息处理技术实现传感器、RFID 等数据采集技术所获取数据的短距离传输、自组织组网以及多个传感器对数据的协同信息处理过程。

·网络层可以实现更加广泛的互联功能，能够把感知层所采集到的信息无障碍、高可靠性、高安全性地传送到公路无线物联网的应用层，同时也可以把公路无线物联网应用层的数据和指令高效、实时、安全地传送到感知层的相应设备上；需要传感器网络与移动通信技术、互联网技术相融合。LTE 移动通信技术和互联网技术的发展和应用，能够较好地满足公路无线物联网数据传输的需要。

·应用层主要包含公路无线物联网应用以及移动通信网、互联网和其他专网。其中移动通信网、互联网和其他专网用于支撑跨应用、跨系统之间的信息协同、共享、互通的功能。公路无线物联网应用包括智能导航、智能停车、安全驾驶、智能运输等公路无线物联网应用系统。

·公共技术不属于公路无线物联网技术的某个特定层面，而是与公路无线物联网技术架构的三层都有关系，它包括标识与解析、安全技术、服务质量（QoS）管理和网络管理等。

在公路无线物联网的体系架构中，本节将结合公路无线物联网在智能交通领域内的典型应用，分析公路无线物联网中应包括的对象和涉及的单位，阐述公路无线物联网中不同部件之间的连接、层级关系，解释将公路物联网与现有交通系统有机结合的方法和意义，通过以上内容论证文中所提公路无线物联网体系架构的合理性。在具体的公路无线物联网的应用中，本节将建立一套示范性的面向智能交通的公路无线物联网，研发相关硬件设备，编写相关算法与软件，测试示范应用效果。

二、公路无线物联网的关键技术

（一）物联网应用技术研究

1. 数据融合技术

具体而言，公路无线物联网应用层的目标是在公路无线物联网应用实例中有效地实现对交通事件应对的决策和对交通状况的评估。从公路无线物联网的体系架构和总体技术框架中可以看出，公路无线物联网是一个基于多传感器的系统，即在公路无线物联网中同时存在多个或者多类传感器从不同的角度来感知交通事件。这样在公路无线物联网的具体应用中为了实现有效的交通决策和评估，就需要针对多维数据进行关联或综合分析。因此为了达到公路无线物联网的应用层目标，基于公路无线物联网的数据融合技术将成为支持公路无线物联网应用的重要后台处理技术之一。

数据融合概念是针对多传感器系统而提出的。多传感器系统中的一些特性使得数据融合技术成为物联网中的关键技术，这些特性如下：

·信息表现形式多样；

·数据量非常庞大；

·数据间的相互关系非常复杂；

·数据处理的实时性、准确性和可靠性的问题非常突出。

数据融合技术通过数据配准、数据关联、目标跟踪、身份识别等技术来解决这些特有问题。

正是由于这些特性，在多传感器网络中就需要更加有效的方法把大量而复杂的数据提升到一个可以被高效使用的层次。离开了数据融合技术，多传感器网络中的数据处理将会由于低效和难以使用而成为系统的瓶颈。

在公路无线物联网中这些特性同样存在，譬如在公路无线物联网中存在大量不同表现形式的信息来源，如摄像头产生的视频数据、交通灯产生的信号数据、车载设备产生的用户数据等。对这些数据的综合分析和研究判断往往是高质量交通决策和交通状况评估的基础。另外，公路无线物联网中的传感器产生的数据量是非常巨大的，如路面上的监控摄像设备需要 24 h 不停地运转，这会产生大量的实时视频数据可供分析和处理。同时多种传感器所产生的数据之间的关系也是复杂的，如车载设备产生的用户数据（如 GPS 位置信息、车辆速度信息等）和路边设备感知到的信息的关系将会十分复杂。最后，公路无线物联网对数据分析的实时性、准确性和可靠性的要求特别高。例如，在交通危机管理系统中就要求交通事故能够在第一时间得到有效地处理。这就要求有效的经过融合的交通数据及时、准确、无误地传达到控制中心供相关人员或者设备进行辅助决策之用。

为了支持公路无线物联网数据融合的应用，需要研究和攻关的关键问题包括：

·数据融合节点的选择；

·数据融合的时机；

·数据融合的算法。

本节中数据融合算法的功能主要由以下几个部分组成。

·像素级融合：在采集到的原始数据层把错误的、异常的数据以及没有用的信息剔除掉，进行数据的净化处理。

·特征级融合：其是指对来自传感器的原始信息进行特征提取，然后对提取的特征信息进行综合分析和处理；在本节中该功能所做的数据融合得到的结果是利用各种判别算法取得的各种来自不同数据源的交通状态。

·决策级融合：其是指从具体决策问题出发，充分利用特征级融合的最终结果，直接针对具体决策目标，融合结果直接影响决策水平。在本节中该功能的目标是对按照各种数据来源判别出来的交通状态进行综合利用，融合得到路段的一致性交通状态描述。

公路无线物联网数据融合是为了配合公路无线物联网中的新型应用的。其应用的主要内容包括有效地实现对交通事件应对的决策和对交通状况的评估。这项工作是通过公路无线物联网数据管理来完成的。同时无线物联网数据管理系统还有能力整合已有的交通系统产生的数据来更好地达到其数据管理的目的。物联网数据管理主要包括对感知数据的获取、存储、查询、挖掘和操作，目的就是把物联网上数据的逻辑视图和网络的物理实现分离开来，使用户和应用程序只需关心查询的逻辑结构，而无须关心物联网的实现细节。这就要求在无线物联网数据管理系统与无线物联网之间有一个中间件来负责统筹两者之间的数据输入输出。

2. 中间件技术

中间件的核心概念就是屏蔽底层差别，向上层提供一种统一的接口。当终端、网络设备、计算资源等存在差别时，就需要有中间件。在公路无线物联网中，各层次间的差别是明显的。例如，在最底层布设有多种类型的交通传感器，这些传感器不仅基于的硬件不同，所采集的交通数据格式也各有不同。这些传感器的数据还需要通过通信网和互联网传递到上层应用层。如果不给予上层应用服务器（如数据融合服务器）一个统一的接口来获取 / 发送数据，应用服务器的实现将会十分复杂且无法具有很强的扩展性和通用性。因此构建一个关联无线物联网数据管理系统和无线物联网本身的中间件也是本节的重要目标之一。

目前没有一个通用的中间件技术能够给出通用的中间件接口。中间件在各个领域根据不同的需求有其各自的实现方式。

公路无线物联网中间件主要有五大功能。

·提供统一接口连接应用服务器（如数据融合服务器）和交通传感器，实现数据的双向流动。

·提供统一接口连接现有交通系统和公路无线物联网，为后台数据融合提供强大的数据支持和补充。

·为终端用户提供访问交通服务的接口，把融合后的交通数据顺畅地提供给终端用户使用。

·为终端用户提供基础能力接口。

·提供面向对象的开发工具和开发平台，让开发者能够开发基于公路无线物联网的各类服务。

3. 终端嵌入式软件

这些公路无线物联网的应用还需要终端嵌入式软件的支持。根据前文提出的公路无线物联网体系架构，其中主要有两种终端嵌入式设备单元，一种为路边设备单元，另一种为车载设备单元。

路边设备的功能主要是：

·关联该设备中的无线传感器网络和公路无线物联网的上层应用；

·跟车载设备进行无线通信。

车载设备的主要功能是：

·连接车载设备中的无线传感器与公路无线物联网的上层应用；

·与其他车载设备以及路边设备进行通信，为了实现路边设备和车载设备中的功能，在两者中需要研制相关的终端嵌入式软件。

因此终端嵌入式软件的功能如下。

·利用短程无线通信技术，其中包括 IEEE 802.11 以及 IEEE 802.15.4 协议、超宽带技术、IPv6 技术，实现车载设备与车载设备以及车载设备与路边设备之间的通信。

·利用网关技术完成无线传感器网络和上层网络的互联，以实现传感器网络和上层应用的互联。同时终端嵌入式软件还需要支持传输外线的资源采集巡检、任务派发和提醒、故障信息排查协助，软件要求人机界面交互友好、功能设计贴合操作人员的日常操作。软件还应支持后期对业务需求的灵活扩展，支持灵活升级更新。

传感器网络中包括了各种各样的传感器终端、智能车载终端和路边设备单元，组成了一个公路交通互联网络，收集和发布各种交通信息。因此，传感器网络是一张庞大的交通网络，它具有数据量大、数据传输及时等特点。为了满足公路无线物联网高速、大数据量的通信需求，将使用先进的 LTE 移动通信网作为传感器网络和 IPv6 互联网的接入网。

（二）公路物联网无线移动通信的关键技术

1.LTE 技术

LTE 是国际 3G 标准的后续演进技术，是一种专门为移动高宽带应用而设计的无线通信标准。国家正在全力推动 LTE 的创新研发、产业化和国际化发展。LTE 作为通信产业变革期的重要机遇，主要包含三大特点。

· TD-LTE 由我国主导，包含大量我国的专利；同时得到了广泛的国际支持，成了国际标准。

· 上网速度快，能够达到 TD-SCDMA 技术的几十倍，使无处不在的高速上网成为可能。

· 产业发展速度快，与其他国际移动宽带技术基本实现了同步发展，代表着当今世界移动通信产业的最先进水平。

LTE 系统作为 4G 技术，以提高数据速率和频谱利用率为中心目标，以 OFDM 为核心技术，采用扁平网络结构，在 20 MHz 信道宽度下，使下行峰值速率提高到 100 Mbit/s。在各种移动通信技术中，在覆盖广度和峰值速率等业务性能方面取得了较好的折中。其中，LTE FDD 作为全球主流技术，已经进入快速发展期；而以我国为主的 TD-LTE 促进了产业融合，提出了通信产业"2G 跟随、3G 突破、LTE 引领"的跨越式发展战略，得到了国际产业的广泛支持。

2. 近距离无线通信技术

近距离无线通信主要是指传输距离为 100 m 以内的无线通信，包括超宽带（ultra wide band，UWB）、近场通信（near field communication，NFC）技术、超声波、红外数据协议（infrared data association，IRDA）技术、ZigBee、蓝牙（bluetooth）、射频识别 (RFID)、Wi-Fi 技术、IEEE 802.11p 等，其具有低成本、低功耗、小型化等共同特点，是无线个域网（wireless personal area network，WPAN）的主流技术。由于近距离无线通信面向庞大的个人终端用户，随着网络向个人终端延伸，家庭、汽车、消费电子等网络化是必然趋势，因而近距离无线通信具有巨大的市场需求，被列入我国《国家中长期科学和技术发展规划纲要（2006—2020 年）》16 个重大科技专项之一。

IEEE 802.11p(wirelessaccessin the vehicularenvironment，WAVE) 是 一 个 由 IEEE 802.11 标准扩充的通信协议，主要用于车载电子无线通信，工作于 5.9 GHz 的频段，并拥有 1 000 英尺的传输距离和 6 Mbit/s 的数据速率。它本质上是 IEEE 802.11 的扩充延伸，符合智能交通系统（intelligent transportation system，ITS）的相关应用。应用层面包括高速车辆之间以及车辆与 ITS 路边基础设施（5.85 ~ 5.925 GHz 频段）之间的数据交换。IEEE 802.11p 将被用在车载通信（或称专用短距离通信（dedicated shortrange communications，DSRC））系统中，这是美国交通部（U.S.Department of Transportation）基于欧洲针对车辆的通信网络，特别是电子道路收费系统、车辆安全服务与车上的商业交易系统等应用而规划的中长距离无线通信 CALM(continuousairinterfaceslong and medium range）系统的计划。IEEE 802.11p 对传统的无线短距离网络技术加以扩展，可以实现对汽车非常有用的功能，包括更先进的切换机制、移动操作、增强安全、识别、对等网络认证。最重要的是，在分配给汽车的 5.9 GHz 频率上进行通信，将充当 DSRC。从技术上来看，IEEE 802.11p 对 IEEE 802.11 进行了多项针对汽车这样的特殊环境的改进，如更先进的热点切换、更好地支持移动环境、增强了安全性、加强了身份认证等。目前的车载通信市场很大部分上由手机通信所主导，但客观上说，蜂窝通信覆盖成本比较高昂，提供的带宽也比较有限。而使用 IEEE 802.11p 有望降低部署成本，提高带宽，实现实时收集交通信息等。

（三）系统实施框架

在方案中，感知层由两种类型的设备组成，它们分别是车载设备和路边设备。这两种设备以及存在于这两种设备中的传感器组成了无线传感器网络。在传感器网络中使用基于 IEEE 802.11 和 IEEE 802.15.4 等协议的无线短程通信技术来完成车内设备间以及车载设备和路边设备间的通信。路边设备和车载设备可以通过 LTE 技术接入通信网，然后通过互联网和中间件技术和上层的应用服务器相连接。

无线传感器网络由许多个功能相同或不同的无线传感器节点和无线传感器网关组成。每个传感器节点由数据采集模块、数据处理和控制模块、通信模块以及供电模块等组成。节点在网络中可以充当数据采集者、数据中转站或者簇头节点的角色，网关在网络中充当连接异构网络的桥梁或是翻译器角色。节点作为数据采集者，数据采集模块收集周围环境的数据，通过通信路由协议直接或间接将数据传输给远方基站或路边设备单元；作为数据中转站，节点除了完成采集任务外，还要接收邻居节点的数据，将其转发给距离基站更近的邻居节点或者直接转发到基站或路边设备单元；作为簇头节点，节点负责收集该类内所有节点采集的数据，经数据融合后，发送到基站或路边设备单元。与传统 Ad Hoc 网络相比，无线传感器网络具有一些明显的特征：

· 网络节点密度高，传感器节点数量众多，单位面积所拥有的网络节点数远大于传统的 Ad Hoc 网络；

· 网络拓扑变化频繁；

· 网络具备容错能力。

通过路边设备单元的无线传感器网关把无线传感器网络和 LTE 移动通信网有机、无缝地结合起来。LTE 是专门为移动高宽带应用而设计的无线通信标准，而且 LTE 基于全 IP 架构的技术特点也使得其与 IPv6 互联网互联更加顺畅。

公路信息化的新需求以及应对这些需求的场景纷繁复杂，不仅需要在物理实施上利用各种先进技术满足这些需求，也需要在逻辑层面上对这些需求有一个整体的把握。因此笔者在逻辑上提出了应对这些需求的总体数据流框架，在这个数据流框架的指导下，公路无线物联网中的物理设备和关键技术可以被放置在相应的数据流环节中，让其各司其职，使得设备和关键技术能够相互关联和配合，保证了系统在满足信息化需求方面的完整性和严密性。

本节研究了公路智能交通的无线移动通信技术需求和新型的应用场景。通过本节的研究，完成了面向公路路网信息化的无线移动通信新应用相关框架设计，解决了以下问题：

· 构建了基于 IPv6、LTE、短程宽带无线通信技术和无线传感器网络技术的公路无线物联网的框架体系；

·研究了公路无线物联网中的 LTE 和短程宽带无线技术的特点和对应的组网技术；

·提出了基于中间件技术和数据融合技术的业务数据流分析、融合和挖掘了公路无线物联网智能终端的嵌入式集成技术。

第六节　物联网技术在智能交通公安管理中的应用

本节分析了智能交通的重要意义，在智能交通的背景下，如何进行顺利开展公安管理工作是当前的新课题。利用物联网技术，可以快速实现人员和车辆的定位，进而可以快速有效地调度交通流量和警力资源。

一、发展智能交通的意义

（一）发展智能交通系统是顺应时势之举

"十二五"交通规划提出，未来五年，实现对国家高速公路国省干线公路、重要路段、大型桥梁、车辆区域、交通运输状况等的感知和监控，实现对危险品运输车辆、船舶、长途客运，以及城市公交、出租车和轨道交通的全过程监控，基本建成全方位覆盖、全天候运行、快速反应的水上交通安全监管系统和海事信息服务系统。

"推进物联网在交通运输行业应用已经得到了国家和交通运输部的高度重视，也必将成为'十二五'期间发展现代交通运输业的重点工作。"智能交通物联网将智能交通的基本理念与物联网的技术产业相结合，不仅实现了数量巨大、流动性强的基础"物"之间连接与通信，同时也推动了交通智能化、信息化进程。

（二）物联网使交通系统更加"智能、安全、和谐、节能"

目前，交通问题的重点和主要的压力来自城市道路拥堵和安全。在道路建设跟不上汽车增长的情况下，解决拥堵问题主要靠对车辆进行管理和调配。未来，智能交通的发展将向以热点区域为主、以车为对象的管理模式转变。因此，智能交通亟待建立以车为节点的信息系统——"车联网"。"车联网"就是综合现有的电子信息技术，将每辆汽车作为一个信息源，通过无线通信手段连接到网络中，进而实现对全国范围内车辆的统一管理。

二、智能交通在公安管理上的问题

交通安全管理是在对道路交通事故进行充分研究并认识其规律的基础上，基于有关法律、法规和标准规范，采用科学的管理方法，对道路交通系统的人、车、路和环境等要素进行有效的组织、协调和控制，以保证道路交通安全畅通。安全管理作为道路系统中的核心要素，协调着系统中其他要素间的相互关系，对道路交通系统的安全运行起着决定性的作用。交通安全管理的功能构成要素主要体现在技术层面以及社会层面上。技术层面主要涵盖了安全管理的技术及手段，社会层面则从宏观角度体现了交通安全管理的社会功能。

三、物联网技术在智能交通公安管理中的应用

（一）车辆不停车稽查系统

该系统主要由三部分构成：车载标签、RFID 阅读器（高速远距离超高频阅读器）、后台计算机控制中心。

当车辆进入监测范围后，超高频阅读器从行驶车辆的电子标签中读出车牌号码 A1，摄像机实时拍摄车牌图像，并传输至交通管理指挥中心，由车辆牌照自动识别系统（VEC）识别出车牌号码 A2。系统将 A1 与 A2 进行比对：如果没有与 A2 一致的 A1 存在，则必然为假、套牌车等违法车辆，系统便会发出声音报警，执法人员即可将其缉拿；如果 A2 与 A1 一致，再看 A1 是否在交管部门所列的黑名单之中，由此可识别拖欠税费、未缴罚款、报废车、未按时年检等违规车辆，该系统可有效地提高交通管理部门对报废车、假牌、套牌车辆、未缴罚款、未买交强险、未按期年检等违法车辆的查处效率。从更长远的角度来看，RFID 技术的应用除了可服务于违法车辆的查处外，也有潜力扩展到高速公路收费、加油、停车、出入控制等领域，具有广阔的应用前景。

（二）基于物联网的智能交通体系框架

这种架构下的智能交通体系通过路网断面和纵剖面的交通信息的实时全天候采集和智能分析，结合物联网技术下的智能交通系统，实现了车辆动态诱导、路径规划和信号控制系统的智能绿波控制和区域路网交通管控，为新建路网交通信息采集功能设置和设置配置提供了规范和标准，便于整个交通信息系统的集成整合，为大情报平台提供服务。

（三）车辆的物联网

GPS、RFID、DSRC（专用微波短程通信技术）等技术可以为车辆物联网管理提供高速采集、全环境动态监管的手段。2010 年上海世博会园区车辆管理系统、南京特定车辆管理与治安防控体系和上海市营运车辆管理系统等三项重大工程中建设基于无源射频识别技术的区域性车辆安全监管系统，通过在车辆内安装射频电子装置作为车辆的"电子身份镜像"，使被标识车辆的静态身份信息与动态运行信息（时间和道路空间信息）有机地结合在一起。

（四）警员的物联网

通过物联网技术，实现警员的定位，利用警员定位软件，可以方便查找警员的位置，加大公安机关在警员方面的管控力度，优化公安机关的队伍建设。在外出办案行动中，借助警员定位技术，可以高效地完成任务，尽快将歹徒绳之以法。此外，在公安交通管理方

面，如果某一地段出现交通拥堵或交通事故，可以借助物联网技术，定位最近的交警，快速合理调动警力资源疏导交通，将处理交通拥堵或交通事故的时间缩到最短，从而确保良好的交通状况。

（五）重点（危险）人群、物品的物联网

物联网技术最突出的特点是无须"可视"读取，实现了远距离自动识别，既可识别静止物品，也可识别运动物品。RFID 标签内部存储的产品电子代码（EPC 代码），为每一件物品建立全球的、开放的标识，实现全球范围内对单件物品的跟踪与追溯，它包含了该件物品的所有信息，是单件物品的唯一身份识别 ID。如果在人体内部植入芯片，利用 RFID 技术，可以实现公安机关对特殊人群、重点人群行踪的监管。

第七节　射频识别技术与智能交通物联网

射频识别技术，是利用无线射频方式在阅读器和标签之间进行非接触双向数据传输，达到目标识别和数据交换目的的技术；也可以利用射频方式进行非接触双向通信、交换数据，从而达到识别目的。RFID 技术具有精度高，适应环境能力强，操作快捷，使用寿命长，读取距离大，标签数据可加密，存储数据容量大等优点。近些年来，射频识别技术被引入到智能交通、物流供应链、物联网、停车场管理等领域，成为新时期的先进技术体现。智能交通物联网是将传感器技术、RFID 技术、无线通信技术、数据处理技术、网络技术、自动控制技术、视频检测识别技术、GPS 信息发布技术等综合用于整个交通运输管理体系中，从而建立实时、准确、高效的交通运输综合管理和控制系统的资源网络。

一、RFID 技术的组成及原理

射频识别（Radio Frequency Identification，简称 RFID）技术，是利用射频通信实现的非接触式自动识别技术，其特点为非接触式双向通信，具有定位、长期跟踪管理、全天候信息采集等优点，且受环境影响较少。RFID 技术与互联网、通信等技术相结合，可实现全球范围内的物品跟踪与信息共享。

（一）电子标签

电子标签由耦合元件和芯片组成，每个标签具有唯一的电子编码，附着在物体目标对象上。电子标签内的程序经过设定后可进行读取和编写。电子标签的信息还可加入相关人员的数据信息，可按需要对数据分类管理，并可根据不同情况制作新的卡，电子标签中的改写内容可以通过一定方法加密保护。电子标签中的芯片体积很小，可以印制在纸张、纺织品、塑料、木材、陶瓷、玻璃等材料上，厚度在 0.35 mm 范围内。电子标签按供电方式

分为无源标签、有源标签；按射频识别系统工作频率分为低频标签（30 ～ 300 kHz）、高频标签（3 ～ 30 MHz）、超高频和微波标签（300 MHz ～ 3 GHz）。

（二）阅读器

阅读器（Reader）又称应答器、读写器、读卡器等，它在射频识别系统中起着关键作用。它主要任务是：非接触双向与电子标签通信，接收反射回来的信号，同时接收控制指令的来源，属于主机系统。射频识别系统的工作频率取决于阅读器的工作频率，识别的有效距离也取决于阅读器的工作频率。阅读器的读或读 / 写装置是根据使用的不同型号、使用范围以及结构和技术的不同来选定的，它是信息处理中心和控制单元。

RFID 阅读器又称读出装置，可读取并识别电子标签中保存的电子数据，达到自动识别物体的目的。阅读器与电子标签之间的通信是在无接触方式下，利用交变磁场或电磁场的空间耦合、射频信号调制与解调技术实现的。阅读器除了提供与电子标签进行数据传输的途径外，还利用特定的算法对信号进行状态控制、奇偶校验、更正信息等。阅读器根据使用的结构和技术不同可以是读或读 / 写装置，阅读器可以是手持式或固定式的。当前，阅读器成本较高，大多只在单一频率点工作。随着技术的发展，阅读器朝着小型化、便携式、嵌入式、模块化方向发展，成本将更低廉，并支持多个频率点，尚能自动识别不同频率的标签信息。

（三）天线

天线是 RFID 系统不可或缺的部件，它将电流信号转变成电磁波信号发射出去，也将从电子标签反射过来的电磁波信号转变为电流信号发送给阅读器。RFID 系统中，能激活电子标签的能量必须由阅读器经过天线发射，这样才能形成电磁场，当电子标签进入电磁场范围就能被识别，所以阅读器的可读区域，就是天线形成的电磁场的覆盖范围。天线的作用是在标签和读写器之间传递射频信号。为使天线正常工作，它的尺寸必须与传播波的波长一致，天线可以是无源器件，也可是有源器件。实际应用中，天线的形状和相对位置也会影响数据发射和接收，需由专业人员对天线进行设计和安装。

（四）RFID 工作原理

RFID 的工作原理可概述为：当装有 RFID 电子标签的机动车驶入 RFID 阅读器所发射的频域范围内时，由 RFID 阅读器发出的发射信号经过天线发送给定频率并加密的射频信号给电子标签，电子标签的相应工作单元被接收到的能量唤醒或激活，则将电子标签内的带有加密的信息通过内部调制调节成相应射频的信号发射出去，从而将电子标签本身携带的信息传送到 RFID 阅读器，阅读器接收数据并解码，又将提取出可用的识别码再传送到后台进行处理工作，完成预先设定的功能；针对不同功能设定的应用系统软件做出响应处理和控制，最后应用系统对阅读器发出相应的响应指令，再由阅读器接收到的响应指令来对电子标签做出不同的读写指令操作。一套典型 RFID 系统主要由电子标签、阅读器、RFID 中间件、应用系统软件组成，一般情况下可将应用软件和中间件合称为应用系统。

二、RFID 在智能交通物联网中的应用

RFID 技术是物联网中的关键技术之一，也是物联网感知层的基础，起底层信息的采集作用；而信息采集可为后续的处理及信息服务提供依据。RFID 技术的特点主要有：非接触式双向通信，具有定位、长期跟踪管理、可全天候信息采集等优点，且受环境影响较少。因此，RFID 技术在智能交通物联网中具有较好应用前景。

RFID 最早应用是在"二战"期间被美国用于识别判断联军与敌方的战机。后来因其具有容易识别、内容不能篡改等优点，被广泛应用于物流行业中。目前在交通领域，RFID 主要用于公交车射频卡、不停车收费、门禁系统管理、停车场管理、智能交通信号控制、公交车或特殊车辆的定位及电子站牌、交通流量检测、交通路径诱导、电子车牌等。根据交通 RFID 的可行性可知，该技术用于智能交通系统中的实时动态采集交通基本信息具有一定优势。

RFID 技术是近几年来发展较快的技术，与以往的视频识别技术、地埋线圈、微波雷达等交通信息采集技术相比，RFID 技术更具有优势。它可将车牌号通过电子车牌的形式与 RFID 电子标签的 ID 号相联系，存入电子标签内；安置在路网中的 RFID 检测设备（阅读器），可对通过该路段装有电子标签的车辆进行车辆身份信息、位置信息以及其他交通信息（如车辆数、车辆位置、经过时间、速度等）的采集，并可实现违章自动处罚收费、自动查处违章车辆、记录违章信息等功能。现时典型的工作频率有：125 kHz、133 kHz、27.12 kHz、433 kHz、13.56 MHz、902 ～ 928 MHz，2.45 GHz、5.8 GHz 等。

RFID 技术用于智能交通物联网中，既能充分发挥 RFID 技术拥有的特点，也能实现智能交通的实时信息沟通、实现资源共享、物与物相连，达到物联网的目的。

第七章　智能交通与物联网技术的应用研究

第一节　轨道交通智能运维的应用

目前，许多城市正在利用大数据、物联网、云计算、人工智能等实现智能交通运维智能化。本节从国家政策、行业现状等角度论述智能交通智能运维发展的必要性，阐述智能运维在青岛地铁建设发展中的应用，并提出了几点建议。

一、智能运维的背景

国家发布的《"十三五"现代综合交通运输体系发展规划》等一系列政策提出了"提高运营管理智能水平，加快完善现代综合交通运输体系"的指导思想，给城轨行业发展指明了方向，智能运维是实现降本增效、运营质量提升的有效途径。另外，随着运营时间逐渐增加，各智能交通都出现了设备磨耗与老化，设备可靠性能降低，故障率上升；同时网络化运营的持续推进，人员成本不断激增，来自可靠性和成本两方面的压力使得智能交通运维模式向智能化方向优化。智能化线路相较传统运维线路，在设备维修、人工成本、设备可靠度及服务质量等方面存在明显优势。

二、智能运维行业的现状

2017年，中国智能交通协会启动了《智慧智能交通信息技术架构及网络安全规范》等5个行业标准的编制工作，智能运维研究与应用已成为行业发展的趋势。目前，全国各地铁公司智能运维研究与建设水平差异性较大，总体可分为三个梯队：第一梯队以上海、广州地铁为代表，公司层面已完成智能运维顶层规划，在现场设备数据感知层、数据平台层及应用层开展了整体智能运维应用规划与部分建设，计划后续推广实施；第二梯队以北京、南京、武汉地铁为代表，尚未从公司层面形成整体智能运维规划，但已经在现场设备数据感知层及应用层进行了部分试点建设，建立专业设备智能运维平台；第三梯队以无锡、重庆、郑州地铁为代表，初步开展智能运维的研究与探索，侧重研究现场设备数据感知层，进行设备智能化功能的尝试。

三、青岛地铁智能运维研究与应用

青岛地铁远期规划了 18 条线路，目前已开通运营 4 条线路，3 条线路同时在建，6 号线正在设计深化。运营线路主要采用传统运维模式，在车辆、信号、供电等增加了局部在线监测系统，但未实现生产模式的深度改变；同时在建的 1 号、4 号、8 号线在已运营线路基础上，进一步从设备监测角度增加智能化建设；6 号线正在开展全寿命周期智能化设计，具体情况如下。

（一）青岛地铁运营线路智能运维研究与应用

针对已经投入使用的 4 条线路，从生产数据平台、设备维修智能化、运营生产智能化三方面进行分析。

MMCC 生产数据中心。集团已经从信息化智能管理角度对管理数据中心、MMCC 生产数据中心、大数据中心的智能化应用开展研究，目前主要围绕 MMCC 生产数据中心平台开展智能运维规划，MMCC 生产数据中心负责各生产系统的数据整合与分析梳理，纳入车辆、工务、客服、票务、行车组织和调度指挥等生产业务数据，利用大数据、云计算等信息化技术对数据进行最大限度的利用，最终为实现设备维修、运营生产、企业管理及乘客服务的智能化提供信息化基础。

设备维修智能化。车辆、通号、供电、工务等专业已在局部或在个别线路建设了数据采集层设备系统，如车辆在线监测系统、信号维护监测系统、接触轨可视化接地系统等，初步实现了部分设备的状态感知、数据采集、故障预警等功能，但是还没有形成系统的数据智能化分析与决策的智能运维管理平台。

运营生产智能化。目前，行车、票务、客服、施工管理等运营业务开展了部分信息化系统建设工作，如票务管理系统、列车运行图编制系统、站务管理系统等，已实现互联网票务、施工线上管理、人员作业流程管控等功能，但是系统之间相互独立，缺少数据协同共享。

（二）青岛地铁在建线路智能运维研究与应用

在建的 1 号、4 号、8 号线，在参考青岛地铁以往线路智能运维经验的基础上，开展了部分新的智能化技术应用与设备智能系统规划。

1 号线视频监视云存储与信号系统全电子连锁应用。1 号线视频监视系统在国内率先采用云存储技术，可以最大限度地确保视频存储的安全可靠，目前已完成测试平台的搭建。同时，正在开展的 1 号线信号系统全电子连锁研究应用，是行业内第一次实现室内设备全电子化，目前正在东郭庄车辆段进行现场安装调试。

1 号、4 号、8 号线车辆设备智能化应用。1 号、4 号、8 号线车辆信息实现车地无线通信功能；4 号线增加了电客车车厢拥挤度显示，增加了轨旁综合检测系统实现对车辆轮对、车外设备在线状态检测并传到地面，通过 MMCC 生产数据中心与办公网、EAM 联通。

（三）青岛地铁规划线路智能运维研究

6号线作为青岛地铁的示范线，为适应行业发展，提出"智慧地铁、城轨云"建设理念，开启智慧地铁建设模式，包含智慧建设、智慧运行和智能运维。其中智能运维主要是车辆车联网系统、轨旁综合检测系统、智能运维专家平台、全自动驾驶综合管控系统，轨道车载式轨道设备状态检测系统、轨道线路状态检测系统，通信专用无线、PIS和视频监控网管，供电的无防子系统、设备维护及监控管理子系统、接触轨故障测距子系统等，预计与行车安全相关设施终端设备覆盖率80%以上，减少车辆维修人员15%，降低维修成本15%。

四、智能运维相关建议

（一）统筹推进方面

建议集团级统一牵头成立智能运维工作专班，高位协调，统筹实施，从业务需求出发，开展技术方案整体研究，形成统一建设标准，稳定智能运维整体架构，用于后续建设工作。

（二）实施策略方面

建议针对运营线路、在线线路、规划线路的智能化建设工作分层制定实施内容：①针对行业及自身试验成熟的项目，可直接纳入建设需求，推广使用；②针对技术相对成熟、应用效果正在验证或总结的项目，可选取线路进行小规模试点建设，依效果确定是否推广；③针对行业新技术、新设备，暂未开展验证但具有应用前景的项目，可以以科研的方式，与厂家合作在运营线路或在建线路进行安装试验，依效果确定是否扩大验证或推广；④在智能化推广与试点试验过程中，要明确设备系统的全数据采集需求内容，为后续智能化分析提供数据基础，并结合数据平台建设做好数据接口预留工作，避免二次改造。

（三）资金来源方面

建议应分阶段、多渠道争取资金支持，将新建线路的智能运维建设资金纳入工程建设概算；同时由科研牵头部门对接国家、省市科研主管单位积极申请政府课题立项，争取智能运维科研课题经费支持；针对运营线路，低成本、小规模改造可通过科研方式开展，高成本、大规模改造结合技改、大修等申请专项补贴、经费。

采用基于信息化和智能化技术的智能运维系统，可以提高运营管理人员业务执行的效率与质量，有效地控制成本。同时，也应认识到智能运维是一项系统工程，带来的是全系统、全专业的理念，需要顶层设计、统筹规划、平台先行，同时要坚持需求驱动、用户主导、厂家落地、共建生态。

第二节 智能交通监控技术的应用

为了解决交通问题，我国启用了智能交通监控技术。这一技术可以自发识别道路交通存在的问题，有效地缓解了交通问题，表现出了良好的发展前景。本节介绍了智能交通监控技术的优势及其具体的应用。

随着现代高科技技术的快速发展，人们的生活也越来越智能。各种智能机器的出现，开始替代人们在某些行业当中的作用，比如现在有智能机器人充当保镖，增强安保系统；还有在某些工业上，也开始使用机器人作为生产的操作者。在某些方面使用智能机器，是在节省人的体力，还是对人的一种保护。比如道路交通上使用的智能监控系统，这个系统可以不分白天黑夜地对道路违章行为进行检测，这在一定程度上可以缓解交警的工作压力。对于智能交通技术，还是有很多地方需要了解的，下面就来详细了解一下智能交通监控技术：

一、智能交通监控技术

智能交通监控技术从根本目的上来说，就是为了监控交通情况。这种技术之所以称为智能交通监控技术，是因为这种技术可以自己识别违规现象，并且进行拍照。在汽车行驶的途中，这种智能技术可以自行识别车速，并判断该车辆是否超速行驶。还可以通过车辆行驶的路径以及速度，综合判断出司机开车的状态。这种能够自发地识别交通状况的技术就被称作智能交通监控技术。近年来，大中型城市的道路拥堵不堪，人们期待交通智能化建设能改善现有的交通难题。根据近期出台的《道路交通安全"十二五"规划》《道路交通科技发展"十二五"规划》，有权威人士预测，未来十年我国在智能交通领域的投入将达 1820 亿元，其巨大的发展机遇是前所未有的。

二、智能交通监控技术的特点

（一）能自发地识别道路交通存在的问题

这种智能交通监控技术能够自发地识别道路上行驶的车辆的状况，并进行拍照。这是不需要人为控制的，只需要给这个进行拍照的系统提供足够的电力，这个系统就能正常进行工作。在工作之前，只需要将各种的违规状况输入到这个系统中，这个系统就能够自发地进行监控。

（二）可以缓解交通部门的压力

道路遍布祖国各地，每条道路上都会有车辆通行。但是，不能保证每条道路上都有交通部门的人在进行监督。但是，为了保障行人的安全，为了规范车辆司机的行为，还是需要对道路的行车情况进行监督。这时候，智能交通监控技术就发挥作用了。这种技术可以不分白天黑夜地进行工作，还不需要休息。可以在各大道路上都使用这样的技术，一方面可以对行驶的司机产生一种震慑，让司机时时刻刻都遵守规章制度；另一方面还可以缓解交通部门的压力，交通部门就不需要每天派出大量的人去监控道路状况了。而且，这也是对交通工作者人身安全的一种保护。

三、智能交通监控技术的应用

（一）智能交通监控技术在高速路上的应用

一般在高速路上，车辆的行驶速度都特别快，实在是不适合交警上去维持行驶的秩序。但是，为了保障高速上行驶的安全性，还是需要对高速路的行驶状况进行监督。这时候智能交通监控技术就发挥了作用。可以在高速路上每隔一段距离就安装一台智能检测的机器，这样既能及时地拍下违章行为、对行驶的司机产生震慑，又能避免交警业务的危险性。

（二）智能交通监控技术在人烟比较稀少的道路上的应用

有些偏远地区的道路是很少有车辆经过的，但是也不是完全没有车辆经过。对于这种情况，如果派遣交警过去监督，那其实是对人力资源的一种浪费。但是，如果不进行监督，一旦发生事故，那就是交警部门的失职。为了很好地解决这个问题，就可以在这样的道路上安装智能交通监控设备。这样设备就可以时时刻刻监督着道路的情况，还能及时地拍照。这样一来，如果出现违规行为，也可以及时地进行惩罚，在一定程度上可以保证道路行驶的安全性。

（三）智能交通监控技术在日常行驶的道路上的应用

对于那些我们日常就会经过的道路来说，人流量和车流量都是相当大的。只是派遣一两个交警进行监督，很难保证不会有漏查的现象。在道路上安装智能交通监控系统，可以弥补漏查的现象。而且，万一出现极度恶劣的天气，实在不适合交警进行值班，比如很严重的雾霾天，这时候就要依靠智能交通监控技术，来对道路的行驶状况进行监督。

智能交通监控技术在日常交通状况的监视中扮演着重要的角色，这项技术已经是道路检测系统中不可缺少的一部分。但是，仅仅依靠智能检测系统来监督路上的行驶状况，是没有办法从根本上解决交通问题的，要解决交通问题，就要我们从自身做起，严格遵守交通规则，相信在智能交通监控系统的监督之下，还有自觉遵守交通规则觉悟的带领下，我们的道路行驶情况会越来越好。

第三节　人工智能与城市智能交通的应用

人工智能技术的广泛应用，使得城市交通拥堵问题得到了极大改善。通过信息化技术，能够对城市内部的建筑设施充分利用、合理调配，保障交通安全有序。人工智能可使人们的生活方式发生变化并朝着智能化生活发展，并且能够为人们提供更为优质便捷的服务，进而提高生活质量。因此，本节首先将对人工智能技术进行概述，从三个方面分析人工智能技术在城市交通应用方面的主要技术，以及该技术在实际生活中的应用策略，最后提出国内城市智能交通的未来发展方向。

国民经济的有效发展，使得国家建设规模得到了进一步扩大。为了加快现代化城市建设的进程、改善城市发展现状，人工智能技术在城市发展中的应用也逐渐走进大众视野。随着时间的推移，该技术经过不断的完善和优化，已经逐渐成为世界城市发展的重要途径。近些年以来，社会发展迅速，人民生活水平稳定提高，作为人们出行的主要工具，汽车的产量快速增加，导致城市交通拥堵、事故以及管理方面的问题频频发生，阻碍了现代化城市的发展。为有效缓解这些问题，人工智能技术得到了有效应用，使得城市交通逐渐朝着智能化交通方向发展，城市交通效率得到了大幅度改善，减轻了交通压力，在确保智能化城市建设质量方面有着积极作用。人工智能技术的应用，不但对城市交通有着促进作用，还为人们的日常生活提供了便利。

一、人工智能技术概述

人工智能技术指的是围绕人类智能相关的理论综述为中心所展开的研究，进行相关理论的扩张、模拟以及延伸的一种技术，以计算机技术作为基础，在现有的智能技术上完善更新，符合新时代的技术需求。人工智能也被称为机制智能，是由信息论、计算机科学、语言学科以及统计学等相互交织融合所衍生而来。人工智能研究的实质就是如何结合现有的科学技术研发出智能化系统或者机器人，将智能化技术最大程序开发，使其具有模拟人类活动的功能。现阶段，人工智能具体包括计算机视觉、语言处理、机器人技术以及语音处理等方面。并且随着社会的高速发展、科学技术不断的革新突破，人工智能技术的研究也在不断深入，人们的生活质量也随之获得了极大改善。

二、应用在智能交通中的主要人工智能技术

（一）机器学习

人工智能技术是大数据时代的新型信息技术，基于此技术所研发的智能系统能够对人类生活进行模拟，功能非常强大。该技术主要的研究方向就是机器学习，具体包括规模性

机器学习、强化学习以及深度学习几方面。随着信息储量的不断增大，数据的采集、传输、处理等工作日益复杂，将现有的算法在大数据分析处理上得到有效应用是目前社会关注的问题。作为智能交通的主要应用技术，通过利用机器学习中的一些运算方式，比如最大似然概率技术、自回归模型以及聚类分析等，将城市智能交通的实时信息情况进行统计分类，能够对近期的城市交通情况做出预测。统计分类主要是针对车辆以及公共交通的人进行汇总分析工作，将数据进行排名统计，掌握各类情况，对不同时段的公共交通情况进行了解，为后续城市交通规划以及运营调度提供便利。

（二）计算机视觉

计算机视觉技术具有非常高的技术要求，综合性较强。该技术具体包括生物学理论、数学理论以及光学理论等多方面内容。在大数据背景下，以计算机技术为中心所开展的技术架构，属于一门新兴学科。由于其功能性较强，所以许多科研人员对此有着浓厚的兴趣。计算机视觉技术具有比较广阔的发展空间，在各行各业获得了广泛应用。在城市智能交通中，计算机视觉技术的应用主要是依靠图像识别技术，对一些重点区域情况进行实时掌握，比如重要会议或者客流量较大的客运站车辆流通情况等，结合神经网络运算和具有监督的训练进行疏解方案的模式匹配，最后根据匹配数据来采取具有针对性的管控措施，对城市交通进行有效疏导。

（三）深度学习技术

深度学习技术指的是城市智能交通在应用时主要通过视频感知技术和深度学习作为支撑，利用深度神经网格开展规模性的视频样本学习工作，深度挖掘视频内容，对特定的视频场景以及分析目标对象的实际动向进行识别，进而从视频场景中通过智能化技术将信息进行分割，最终获取关键信息。在精准获取信息和识别视频场景内目标的基础上，对视频场景中的目标对象做出理解分析，并对其行为表现进行深层次剖析，实现计算机视觉中层的描述，形成多层次、多粒度的语义信息，进而实现针对特定监控地点的视频语义理解和分析，最大限度地提高智能化技术信息挖掘的实用性和高效性。自动驾驶汽车是主要的应用对象，结合车体内的传感器能够对周围情况进行记录分析，利用深度学习中的神经网络运算方式，最终实现汽车的自动驾驶。

三、人工智能技术在城市智能交通领域中的应用策略

（一）在智能交通规划中的应用

在城市建设中，社会经济的扩展和提升使得城市规模扩大，也让交通工具的数量大大增加。受安全、环境以及经济等方面的制约影响，目前的城市交通已经不堪重负，各种交通问题频频发生。而随着人工智能、大数据等技术的革新和发展，城市交通的智能化趋势已经日渐明朗。利用计算机技术可以对道路中车辆的运行情况以及周边环境等进行收集分

类，通过云计算平台将大量的数据信息上传并进行存储，后台对这些数据进行分析，结合人工智能技术和深度学习中的神经网格算法等方式来对城市交通以及土地资源利用的利益关系开展量化分析。这种数据分析不仅可以协助合理配置城市交通资源，还可以对日常出行的行人的行为以及偏好进行预测，精确掌握居民日常出行的时空特点，针对智能化交通需求做出预测，开展网络态势评估工作，为后续城市交通规划决策提供科学依据。

（二）在公交调度优化中的应用

在公交调度中，人工智能技术的实际应用大部分都是以客流 IC 卡、全球定位系统为中心进行数据收集，将所采集的数据信息上传到智能信息平台，综合分析以往的历史数据；以及利用较为常用的基于人工智能技术的运算方式来开展短期客流预测和客流统计分析工作，实时观测人流量较为密集的区域，并且利用安装在公共交通车辆上的全球定位系统来收集车辆定位数据，记录车辆的发车时间和返回时间以及行程情况。通过人工智能技术，将车辆和客流相匹配，优化该线路的行车路线和发车时间间隔等，从而实现针对公共车辆的自动指挥和调度，尽可能保障车辆准时发行，使乘客等车时间大大缩减，以及提高车辆载客率。

（三）在出租车行业中的应用

在出租车行业，人工智能技术也有着有效利用。具体应用体现在在车身上安装改造的移动传感点，可以对出租汽车身份的合法性进行识别鉴定，考虑道路路况信息以及车辆服务，能够实现车辆司机、乘客以及运营部门三者之间的信息共享，促进交流互动，进而提高车辆的服务质量，为出租车行业的有序发展提供保障，也对非法营运等现象大力打击。对于一些"克隆车"可做到杜绝，保障消费者的合法权益。结合车载技术，实时监控车辆的载客情况和行驶轨迹，能够对出租车司机针对乘客的宰客、拒载等情况全面掌握。规范出租车行业的经营行为，强化服务质量。结合 GPS 系统，动态掌握车辆的异常聚集情况以及停运情况，发生紧急事件快速响应，能够对群体性事件的发生有效预防，稳定市场秩序。

（四）在智能交通监控系统中的应用

城市化智能交通监控系统就是利用计算机技术，以网络作为媒介，与各地段的监控设备相连接，利用图像识别系统和图像检测系统来掌握道路车辆的流通情况。在一些人流量较为密集的区域，可以对车辆动态情况进行分析，以及主干道、次干道和支路等地段的道路交通信号灯和车辆饱和度进行实时掌握。结合实际道路通行情况，适当对各路段的交通信号进行调节，进而实现针对城市交通管理的智能化调节，达到缓解城市交通拥堵和减少事故的目的。此外，还可以将人工智能监控系统投入到公共停车场，或者高速路口收费站等位置，基于计算机技术与基础监控设备相连接。与此同时，科学技术的飞速发展，使得智能监控系统的服务质量有效提高，减轻了路口收费拥堵的压力，进而实现了绿色交通的目的。

（五）在交通诱导和实时路况中的应用

实时路况能够将道路车辆交通信息进行收集，结合相关运算方式，对实际路口信息进行综合评估与分析，从而形成较为准确的路网诱导信息。可以引导车辆在路网中行驶，缩短驾驶时间，实现交通量的合理调配。交通诱导可以分为两种，即停车诱导和在途导航。停车诱导利用大数据平台进行信息收集汇总，与各个地段的监控设备连接，将数据上传，分析最佳路径，为司机停车提供便利。在途导航结合 GPS 技术和电子车牌定位技术等对实际路况情况全面掌握，并进行分析，采取人工智能算法，进一步实现动态导航。

随着科学技术的革新发展，人工智能技术已逐渐成熟，并在各行各业得到了有效应用。在城市交通方面，目前已取得了比较好的成效，对于城市交通拥堵、事故以及管理方面也得到很好的缓解。人工智能技术的普及对于人们的日常生活产生了较大的影响，不仅生活方式更新改变，在出行方面所体现的生活质量也随之提高。可以说，人工智能为人们出行安全提供了更加有力的保障。伴随着人工智能技术的进一步发展与城市交通管理的持续优化，智能化城市建设进度逐渐加快，进而有望推动社会的可持续发展。

第四节　区块链赋能城市智能交通的应用

本节从 2019 年中共中央印发的《交通强国建设纲要》所提出的指导思想出发，通过区块链在车联网和智慧停车场等典型场景的应用探索，展望区块链赋能城市智能交通的应用前景和发展机会，并提出相关建议，以期为构建安全、便捷、高效、绿色、经济的现代化综合交通体系提供支持。

一、研究背景

交通，作为城市居民出行的必要环节，一直是城市治理中的重中之重。近年来，随着汽车行业的高速发展，中国正步入全球汽车大国行列，交通运营压力与日俱增。2019 年，中共中央印发《交通强国建设纲要》，提出将大力发展智慧交通，推动大数据、互联网、人工智能、区块链、超级计算等新技术与交通行业深度融合。区块链这一概念源自于比特币系统设计的后台技术，与人工智能、物联网并列为构建未来智能社会的三大核心要素。三大要素的有效结合，能大力推进数据资源赋能城市交通发展，有效提升交通资源配置能力、公共决策能力和服务能力。因此，探索如何通过应用区块链技术赋能智慧交通，给市民带来安全、便捷、智能、环保的交通出行体验对城市健康、可持续的发展有着重要的意义。

二、区块链——数字经济社会发展的重要驱动力

区块链技术是利用块链式数据结构来验证与存储数据、利用分布式节点共识算法来生

成和更新数据、利用密码学的方式保证数据传输和访问的安全、利用由自动化脚本代码组成的智能合约来编程和操作数据的一种全新的分布式基础架构与计算范式。达沃斯论坛创始人 Klaus Schwab 说过，代表着第四次工业革命的标志性技术区块链，是数字经济社会发展的重要驱动力之一。

分布式账本、共识机制、密码学和智能合约为区块链的四大核心技术，分别起到数据的存储、数据处理、数据安全及数据应用的作用。分布式账本构建了区块链的框架，是一种多方共同维护的分布式数据库。每个用户可以通过客户端接入网络并且与其他用户连接，用户的交易信息会向全网广播，实现交易在全网的同步。在整个网络中，数据库是去中心化、不可篡改、可追溯的。区块链底层的数据架构是由密码学来决定的。通过哈希函数将打包好的数据块处理成链式结构，后一个区块包含前一个区块的哈希值，从而上链的数据均不可篡改，并且可追溯。智能合约把业务逻辑变成一段可以自动执行的代码，只要符合了前提条件，就能启动执行。相对于传统的 IT，智能合约使得个性化的条约有了处理的办法，可以针对不同的条件设置智能合约。

区别于现在的传播成本低、篡改数据非常容易的信息互联网，区块链被认为是面向未来的价值互联网，既可以像互联网一样在全球范围内高速地传播信息，又杜绝了复制、粘贴的问题。

三、区块链赋能智能交通

交通是链式的管理，在链式过程中不断交换数据从而完善管理，智能交通是基于交通路网基础设施和交通流量的信息管理，与区块链的链式模式天然吻合。将区块链技术引入智能交通领域，开展交通区块链底层平台构建，突破交通领域内部研究的思路，对挖掘跨领域、跨行业、跨地域的各类数据的潜在价值有着重要的意义。

一是助力联通数据孤岛。目前，各大交通出行行业的巨头如谷歌、百度或是 Uber、滴滴，为了各自的数据岛建设和维护投入了巨大的人力、物力、财力，但尚未实现可信地图和乘车数据的共享。区块链提供了一种低成本建立信任的协作模式和分配方式，有助于建立区块链共识基础组织联盟，通过相关技术的引入，有望解决数据孤岛的难题，实现跨系统的数据共享，从而全面升级智慧交通应用与服务体系，构建新的城市智慧交通生态。二是助力网络安全和隐私保护。相对传统网络的服务器加客户端访问的网络架构，区块链分布式数据库的架构有效地避免了服务器单点故障或者病毒侵入所带来的安全隐患。链上信息块和与之相关的交易记录都会被共享保存。而其采用的非对称加密技术，通过公私钥相结合的方式有效地保护了用户的隐私。公钥用于对数据信息进行验证（加密），而私钥用于对信息进行"数字签名"（解密）。三是助力实现便利快捷的交通出行体验。通过将区块链与 5G 通信、大数据和人工智能等先进技术的融合，可以有助于实现在汽车金融服务、车辆信息追溯、用户信用体系建设等方面的创新，从而优化交通资源配置，改善现有的交通问题，为用户带来更智慧便捷的交通出行体验。

以下通过区块链技术与车联网结合以及智慧停车场的场景探索，展望区块链赋能智能交通方面的应用价值。

（一）区块链在车联网中的应用

车联网是城市智能交通物联网领域的典型代表应用。车辆中的车载传感器通过无线通信技术将信息网络平台中的车辆动态和路况等信息进行有效利用，达到车车协同、车路协同的目的。通过车联网技术实现对路况、车辆的特性、运行状态等信息的实时掌握，降低交通事故发生概率，提高交通运行效率。在车联网中，车车互联、车路互联，车辆和道路信息都会上传至网络中。区块链技术中的去中心化、不可篡改、公开的分布式数据库为车联网的数据安全和隐私保护提供了信用保障。在未来车联网的应用场景中，经过相关部门认可，车辆的静态数据（制造商信息、租赁信息、车险等）和动态数据（比如汽修汽配、里程数、累计损耗、运行时长、故障、违章信息等）构成了车辆独特的、完整的电子简历，并将上链。这些存储在链上的信息可以根据不同的功能为不同部门所用，如可以供交通管理部门调阅，也可以成为租赁交易或者车险赔付中的辅助证明。依托区块链技术，实现车联网信息在区块链上的快速交互，有利于降低车联网中的服务和信息监审成本，同时提高网络的安全性。

一方面，可快速获取车辆信息。当机动车驶入射频信号区域，电子车牌获得感应电流，激活车牌。当读卡器获得车牌信息后，接入区块链网络验证车辆身份，从而授权获取车辆出厂信息、车况及故障信息、金融以及保险等信息。可以通过数字货币（通证）的方式实现实时扣款缴费等结算操作，也可以实时获取汽车所在位置，根据智能合约自动判断交通拥堵情况。这些信息将被写入区块链网络，生成数据区块并在链上广播，为车车协同、车路协同提供参考。

另一方面，可应用于汽车共享租赁。通过区块链和车辆网的技术结合，可以重塑传统的汽车租赁模式。传统的汽车租赁企业一直采用的是相对重资产的经营模式，即，汽车租赁企业需要自己购买租赁车辆，并对车辆进行全生命周期的管理，成本压力大、经营负担重。引入区块链技术，可以通过建立联盟链的架构将车联网中的汽车租赁服务提供者、车辆资源提供者、租车者、车险提供商、交通管理部门等相关角色做抽象结合。汽车租赁服务提供者不再需要自己购买车辆，而是从车辆资源提供者处获得闲置车辆资源。这个模式不仅有效减轻了租赁服务提供者的资产比重，也降低了作为租赁服务者的资金入门门槛。同时，大大提高了闲置资源的利用率，充分发挥了共享经济的精神。在使用过程中，所有租车者的行车记录（驾驶习惯、事故、违章信息）也会被完整追溯。对于使用习惯良好的租车者，租赁服务提供者可以以通证激励的方式，对信用良好的租车者进行奖励和优惠。而车险机构也可以根据车况报告和驾驶数据提供个性化的保险服务，同时理赔效率也会大大提高。

（二）区块链在智慧停车场中的应用

停车问题一直是制约城市交通发展的瓶颈。目前我国大型城市中，汽车与停车位的平均比例约为 1：0.8，而发达国家约为 1：1.3。"停车难"直接导致司机找停车位平均用时 18 ~ 20 分钟，造成拥堵、空气污染等一系列问题。

2019 年 4 月，在广州黄埔区，4 个基于区块链技术的 5G 智慧停车场已经投入使用。同月，跑车制造商保时捷（Porsche）决定采用区块链技术，记录和收取停车费。利用区块链技术中的分布式记账、智能合约、信用系统、不可篡改、可追溯等特点，结合 5G 的高速率、大容量和低延时等优势，通过图像识别技术、动态查询、停车位导航等新技术，对停车场进行智能化改造升级已经成为可能。智慧停车场服务可以包括车位查询、车位预约、车位导航、停车费支付等几个部分。用户通过手机 APP 查看停车场车位使用情况，提前预约车位，无须排队等待。经过预约的车辆，系统将通过智能识别技术自动识别车辆，自动抬杆。在停车场内通过手机导航向用户指引车位方向，并自动分配最优的位置停车。车位安装智能地锁设备，确保用户预约的停车位不会被占用，也不会被系统自动分配，实现预约专享功能。使用区块链技术对停车用户身份认证和信用识别，如果用户超时或者违规停车，将会降低信用评级；同时，对于信用良好的优质客户，也可以通过激励获得在高峰期优先预定紧张车位、停车费用优惠等增值服务，实现价值流转。通过区块链技术，将用户车位预约信息、停车时间、车辆信息、缴费信息等进行虚拟货币计算，让车位资产数字化。车位实施差异化的定价策略，靠近出入口的位置或者在高峰时段，定价略高；非热门区域或者非高峰时段，收费可以相对便宜。通过给用户停车优惠或者增值服务，诱导停车用户分流，实现停车资源的优化配置。

另外，使用区块链技术可以解决停车场运营单位在服务过程中存在的风险点的存证问题。例如，在与交通行政执法有关的监督和存证方面，可以通过对停车场进出口的车辆数据进行存证，避免停车期间车辆擦碰产生的司法纠纷；可以通过跨链技术与司法区块链的对接，实现交通相关的数据存证；在发生事故、投诉的时候，可以为有关部门提供司法、公证等方面的证据。

四、区块链在智能交通应用中的挑战和建议

近年来，我国对于区块链技术及其相关产业的发展非常重视，区块链发展生态正逐步兴起。我们既要看到区块链在未来智能交通领域中的使用前景，但与此同时，也要看到其所面临的挑战，如技术尚不完备，人才还比较缺乏，区块链距离大规模应用落地仍需一段时间的积累，相关行业应进一步夯实基础，做好充分准备。

一是要重视区块链技术的基础能力和标准化建设，加快关键核心技术攻关。首先，要协同高校、研究机构、行业协会、智库等力量，搭建基础研究和交叉学科研究的创新平台，持续完善区块链在这些方面的技术研发；其次，要进一步推进区块链技术与物联网、大数

据、人工智能等技术的融合与应用，强化平台建设，构建健康交通出行生态链；最后，要加快推进标准化建设。通过技术标准化手段，促进区块链在交通出行领域更深入地应用探索，从而推进整个交通行业的经济发展。

二是要加强区块链人才培养。区块链技术涉及多个领域、多个学科的交叉融合，专业型、融合型人才相对缺乏。建议加大科研院校和企业的合作力度，培养知识融合、技术集成的区块链实践型复合型人才，并依托重点实验室、创新产业园等机构促进产学研的项目成果落地转化。同时，开设具有专业性的区块链课程，完善管理者、从业者、学生等人员的知识储备，培养不同行业、不同需求、不同层面的区块链人才。

三是要加强区块链的市场监管，完善相关法律法规。区块链市场相关的法律制度、监管机制相对滞后，区块链技术应用合规化还需进一步完善。区块链社区及其产业并非法外之地，"代码即法律"(Code is Law) 的激进法律和社会实验也必须要与社会法律体系相适配。建议政府有关部门加速区块链有关方面的立法，并贴合交通行业特点，优化市场监管手段，鼓励创新，防范风险，从政策层面做好产业体系化布局。

区块链可以促进数据共享、优化业务流程、降低运营成本、提升协同效率、建设可信体系。随着区块链技术创新发展逐步成熟，其应用范围已从早期的金融领域逐步延伸到多个行业应用。将区块链、人工智能、物联网、大数据等信息科技与交通行业的发展深度融合，能够进一步改变市场结构，重塑行业业态，提升资源优化配置能力、公共决策能力和公众服务能力，带动传统交通行业转型升级。

第五节　数字孪生技术在智能交通中的应用

随着数字孪生应用从工业制造向城市治理拓展，城市交通成为数字孪生技术率先应用的重要领域。数字孪生成为智能交通发展的重要方向和必然趋势。本节概括了数字孪生技术在智能交通应用的理念，分析了我国智能交通发展历程和发展现状，阐述了数字孪生技术在交通领域的应用态势，提出了推动数字孪生在交通领域应用的发展建议。

数字孪生概念最早由美国国家航空航天局提出，是指在数字空间中创建实体产品的镜像，用数字化手段反映物理实体的全生命周期过程。数字孪生早期用于工业领域，实现产品设计、生产计划到制造执行的全过程数字化。随着大数据、物联网、人工智能等技术的加速突破，以及新一代信息技术与地理信息、全球定位等技术的有机耦合，数字孪生成为数字化浪潮的重要趋势，并在城市交通、规划、安防等领域率先应用。2019 年 7 月，交通部印发《数字交通发展规划纲要》，明确提出了数字交通的建设方向，要建设"以数据为关键要素和核心驱动，促进物理和虚拟空间的交通运输活动不断融合、交互作用的现代交通运输体系"。纲要中提出的数字交通体系与"数字孪生"理念高度一致，标志着我国智能交通发展将迎来数字孪生时代。

数字孪生具备数字标识、同步可视、虚实互动、智能控制等技术优势，将为交通感知、道路预警、应急救援和智能驾驶等提供新方案和新路径，带来更加高效、便捷和安全的交通管理和服务。现代交通运输体系涵盖铁路、公路、水路、航空和管道等多方面，数字孪生也将为多种交通方式赋能，本节主要讨论数字孪生在城市交通管理和交通服务领域的应用。

一、基于数字孪生的智能交通理念

基于数字孪生的智能交通理念主要是指基于数字化的采集体系、网络化的传输体系和智能化的应用体系，在数字空间构建现实交通系统的映射模型，推动交通要素数字化、交通运行可视化、交通管理智能化、交通服务个性化，借助交通仿真、模型推演、数据分析、迭代优化等手段，实现数据驱动、智能决策的交通管理和服务，最终达到现实交通系统和数字交通系统同步运转、双向互动，实现综合交通运输效能提升的交通运输系统新形态。数字孪生理念为交通规划、建设、运营、管理和服务提供了新的发展空间，将成为未来交通运输系统发展的新方向。

二、我国智能交通发展历程

我国智能交通发展历程可以分为起步阶段、实质建设阶段、高速发展阶段三大阶段。数字孪生是我国智能交通高速发展阶段中的新理念和新趋势，是新一代信息技术、地理信息技术、仿真建模技术等融合发展的产物，也是先进的信息技术与交通运输深度融合的典型代表。

（一）起步阶段

20 世纪 90 年代至 2000 年是我国智能交通发展的起步阶段。在工程建设方面，我国开启了公路信息化建设，国外系统设备供应商成为参与者和主导力量；在理念创新方面，国内组织相继开展了智能交通系统 (Intelligent Transportation System，ITS) 研究，形成了国内智能交通理念的初步认识和基本框架。

（二）实质建设阶段

2000—2010 年是我国智能交通发展的实质建设阶段。2002 年科技部选取北京、上海、天津等 10 座城市，开展了我国首批智能交通应用示范。2006 年，科技部将"国家综合智能交通技术集成应用示范"作为"十一五"国家科技支撑计划重大项目，有力推动了智能交通技术的突破和创新发展。2008 年智慧城市概念被首次提出，智慧交通作为智慧城市的重要领域，吸引了一批高新企业加大研发投入，涌现了一批智能交通软件产品和硬件产品。

（三）高速发展阶段

2010 年至今是我国智能交通的高速发展阶段。我国智能交通的核心竞争力不断增强，形成了国家智库、科研机构、高等学校、企业等多主体、多模式较为完善的创新体系，建设了一批具有国际影响力的交通示范工程。随着系统集成商、硬件厂商、互联网企业等市场主体涌入智能交通市场，网约车、共享单车、共享汽车等新模式相继涌现，交通大脑、数字孪生、出行即服务等新理念层出不穷，新一代信息技术在交通领域的融合应用逐渐深入，有力推动了我国交通行业数字化、网络化、智能化发展。

数字孪生作为智能交通的前沿趋势，得到政、产、学、研、用各界的广泛关注，但是目前的实践主要是基于数字孪生理念的交通管理和交通服务的应用，距离真正全局管理、同步可视、虚实互动的数字孪生交通系统仍存在一定差距。

四、我国智能交通发展现状

（一）数字交通政策环境不断优化

国家高度重视数字交通发展，为数字孪生在交通领域的应用提供了良好的政策环境。2019 年 9 月，交通部发布了《交通强国建设纲要》，该纲要作为我国交通发展的顶层设计和系统谋划，完成了现代化综合交通体的顶层部署，明确提出大力发展智能交通，提出要推动大数据、互联网、人工智能等新技术与交通行业的深度融合。2019 年 7 月，交通部发布了《数字交通发展规划纲要》，明确提出采用数据化、全景式展现方式，提升综合交通运输运行监测预警、在线监测等支撑能力。2017 年 1 月，交通部印发《推进智慧交通发展行动计划 (2017—2020 年)》，充分肯定了建筑信息模型 (Building Information Modeling, BIM) 在智能交通发展中的重要作用，提出要推进建筑信息模型在重大交通基础设施项目规划、建设、运营管理全生命周期的应用，提升基于大数据的决策和监管水平。

工信部、科技部等多部委出台政策，从关键技术研发、技术应用创新、产业融合发展等多维度推动智能交通发展。2019 年 6 月，科技部将"综合交通运输与智能交通"作为重点专项，并提供专项科研经费支持，鼓励产、学、研、用联合申报，强化智能交通领域研究成果的转化应用。2017 年 12 月，工信部印发《促进新一代人工智能产业发展三年行动计划 (2018—2020 年)》，将人工智能与交通的融合应用作为重点目标之一，重点提出在交通等领域汇集一定规模的行业应用数据，用于支持创业创新。

（二）智能交通市场规模持续增长

2010—2018 年，我国智能交通市场规模以 23.33% 的复合增长率逐年增长，2018 年我国智能交通管理系统行业市场规模达到 720 亿元。截至 2018 年，我国已有 200 余座大中型城市建立城市交通指挥中心，城市智能交通投资规模达到 450 亿元。数字孪生作为智能交通的重要发展方向，发展空间和潜力巨大。

（三）多地交通大脑建设成效显著

交通大脑是综合运用云计算、大数据、物联网、移动互联网、人工智能等新一代信息技术构建而成的应用支撑平台。交通大脑以海量数据为驱动对交通运行进行全局实时分析，提升城市交通规划与管理、综合态势感知、应急响应与处置等方面的能力。北京、杭州、苏州、深圳等城市率先进行了城市大脑具体建设的探索。杭州萧山区实现了每隔 15min 优化交通信号灯配时，主要道路早高峰平均车速提升 21.5%，晚高峰提升 17.7%。北京海淀城市大脑拥有 8500 多路摄像系统，积累车辆视频数据、图片数据、结构化数据达 5.7 亿条，实现了对危化品车辆、渣土车辆的有效管控，重大逃逸案件的侦破率近 100%。交通大脑初步实现了交通要素数字化和交通运行可视化，并在提升通行效率、交通出行诱导等方面取得成效，成为践行数字孪生理念的良好开端。

（四）数字孪生产业链条初步形成

数字孪生涉及技术种类较多，三维建模、地理信息、数据可视化、大数据分析、人工智能、AR/VR 等技术企业纷纷依托自身优势布局数字孪生，全面激活数字孪生产业链条。以华为为代表的系统集成商，以海康、大华为代表的硬件设备供应商，以阿里巴巴、腾讯为代表的互联网巨头，相继投入城市交通市场，并逐步研发推广基于数字孪生理念的交通系统解决方案。数字孪生得到资本市场青睐，以云锋基金为代表的知名投资机构，纷纷加快在数字孪生领域的布局；阿里巴巴入股银江股份；超图软件获得中国人寿与光大银行的定向增发融资。在未上市的初创企业中，以 51VR 为代表的新锐科技企业，以泰瑞数创为代表的地理测绘、空间信息服务企业，也均获得多轮融资。

五、数字孪生在智能交通中的应用态势

数字孪生通过全域覆盖的感知体系、全网共享的数据资源体系、全时可用的交通大脑支撑平台、全程可控的城市操作系统，有望实现数据驱动的城市道路预警、应急救援路线定制和信号联网优化。研究认为，未来数字孪生在交通领域的主要应用趋势如下：

（一）同步可视、模型推演，实现数据驱动决策

数字孪生将实现交通数据实时采集、交通运行同步可视，并为交通模型推演提供试验空间，逐步实现数据驱动决策。

在数据采集方面，通过集约式感知终端，如智能信息杆柱，采集城市道路等公共区域的气象数据、视频监控数据；通过嵌入式感知终端，如建筑、道路、桥梁等大型设施内部敷设的传感器等，采集交通设施的物理数据、道路通行数据；通过独立式感知终端，如道路监控、RFID、传感器节点，以及智能手机、智能无人车等个人设备，采集个人出行、运行车辆、移动轨迹等数据。在数据呈现方面，基于三维建模、单体化、语义化技术实现数据建模，基于数据加载、可视化、综合渲染等技术实现数据呈现，构建出与现实映射、

同步可视的数字孪生模型，并达到交通数据可调用和互操作。

在模型推演方面，数字孪生为交通模拟仿真、交通政策制定提供了广阔的模型推演空间，甚至是零成本的试错空间，能够实现交通运输、气象预测、城市防汛、环境保护等理论模型的现实推演，避免纸上谈兵。在交通需求产生阶段，基于交通调查数据，通过交通需求预测模型推演，实现对城市交通需求的合理预测。在道路通行阶段，通过交通路网指数模型，分析动态车辆位置信息和道路的运行速度，量化反映路网通行程度，实现道路拥堵实时预警。同时综合公路桥梁检测评价模型、出行者用户均衡模型、系统最优模型等，为交通管理者决策提供科学依据。

（二）精准定制、信号优化，为应急救援护航

在道路资源紧张，尤其是中心城区拥堵频发的城市，如何为应急救援车辆开辟"绿色通道"，始终是城市管理者关注的焦点。数字孪生为应急救援提供了新方案。

基于人工智能等技术，深度学习人流、车流、道路等特征，对车辆到达下一个路口的时间实现秒级精准预测。迭代优化交通信号灯时长，通过交通仿真，寻找通行时间最短的信号灯方案。结合特种车辆需求，定制通行线路，仿真后进行沿线信号灯控制，从而显著缩短应急救援车辆通行时间，有效提升政府部门对应急事件的处理效率，打通全自动绿色通道，提升城市的安全感。

（三）场景丰富、实景重现，加速智能驾驶落地

如何应对复杂的场景变化，提高车辆的自适应能力，保障行驶的安全稳定性，一直是智能驾驶的痛点。

在高精度地图方面，城区级或城市级的数字孪生数据可作为高精度地图，成为智能驾驶车辆的基础环境数据支撑。在智能驾驶测试方面，数字孪生具备完整的工具链仿真系统，能够实现道路、地形、交通标志、光线、天气、交通流等的高精度仿真。利用高度逼真、场景丰富的仿真平台，基于真实道路数据、智能模型数据和案例场景数据对智能驾驶车辆进行测试和训练，能够提升智能驾驶的决策执行力和安全稳定性，加速智能驾驶更加安全地落地推广和普及。

（四）全城视野、全局规划，寻找治理拥堵的最优解

城市区域路网结构复杂，交通流量实时动态变化，如何从全局角度出发，全面准确地量化城市交通动态体征，避免交通决策以点带面、以偏概全，是交通领域的难点问题。数字孪生能够为此提供解决方案。

在数据汇聚阶段，数字孪生通过全要素数据汇聚，准确抓取城市体征，进行城市画像，可以实现对城市交通动态体征的新洞察。同时，数字孪生从全局、全要素出发，将城市 PB 级数据作为训练集，通过人工智能技术精准辅助决策。从道路供给侧，持续优化交通供给侧能力，通过交通仿真优化路网结构，提升道路承载能力，合理布局公共交通车辆规模和车队路线。从交通需求侧，合理配置交通需求，对出行车辆实行交通诱导、出行播

报，为出行者规划效率更高的路线，规避大规模拥堵发生，提升城市全域的通行效率。

当前，我国的智能交通正处于高速发展阶段，在道路拥堵治理、城市应急救援、智能驾驶落地等方面取得了显著成果，为数字孪生在交通领域的应用提供了坚实的基础和良好的起点。未来随着物联网、大数据、人工智能等技术的深入应用，交通运输的发展亟须从重"智能"向重"交通"转变，从"解决单一问题"向"全面提升效能"转变，实现以信息流带动资源流，推动交通运输资源优化配置，提升综合交通运输效能。为推动数字孪生在交通领域的应用，本节从标准、机制及应用三方面提出发展建议。

（1）完善标准体系，保障数据安全。加快完善面向数字交通应用的交通基础设施工程建设标准，持续完善现有的交通运输信息化标准体系，推动信息基础设施与交通基础设施同步规划、同步设计、同步建设。加快交通数据安全体系建设，开展数据保护影响评估与事先咨询。加强对涉及国家利益、公共安全、出行者隐私等重要信息的保护，加强交通管理机构、科研机构等的安全防范。

（2）健全体制机制，推动政企协同。创新建设运营模式，借助社会资本力量，推动面向数字交通应用的交通基础设施的升级改造。推动政企合作，开放相应交通数据资源，培育真正意义上的数字交通运营服务商，共同参与基础设施建设、运营管理和增值服务多个环节，推动数字交通的长效化、可持续化发展。逐步健全交通治理结构和治理规则，综合提升交通运输治理效能。

（3）鼓励技术创新，开展示范应用。积极鼓励基于数字孪生理念的技术研发、产品创新和场景应用，推动数字孪生理念在交通领域逐步落地普及。选取典型地区、典型场景开展数字孪生示范应用，支持优秀企业将数字孪生的平台、技术和服务优先应用于示范区，形成具有示范作用和推广价值的交通行业解决方案，推动规模化应用。

第六节　智能车载终端在智能交通中的应用

城市一体化处于迅速发展进程中，大量人口涌向一线城市，人口激增，势必会增大城市交通压力，绝大部分的一线城市，都存在交通堵塞与拥挤等问题。此种现象，不仅会增加运输成本，更在一定程度上影响群众的生活。为解决这一问题，不同区域管理部门，多以完善基础设施为主，希望能够解决城市交通存在的问题。但是，一味增加城市交通面积，不仅难以解决交通体系存在的问题，更增加了不必要的社会成本。因此，在当前的城市发展过程中，应合理引入先进技术，借助全新的技术方式，构建良好的交通网络，尽全力管控交通体系，营造良好的交通环境。只有这样，才能解决城市发展、交通运行存在的问题，进而满足大众的基本需求、满足城市可持续发展要求。

每到出行高峰期，极易出现交通堵塞问题，这些问题不仅出现在国内，亦存在于国外交通体系中。为解决城市交通运行存在的问题，以日本为例，针对城市交通有序、稳定运行提出一系列政策，并联合国内多个部门，共同协调管理城市交通运行与发展。在不断地研究中，日本的智能交通体系初见成效，不仅能够降低城市交通事故，更能降低事故伤亡率，极大缓解城市以往交通堵塞问题，不断缩短汽车驾驶时间，有利于降低汽车尾气排放，符合现代社会节能、环保要求。以日本为例，在东京基本已经普及智能交通体系，智能交通体系极为完善，无论是路口的显示板，还是不同车辆的运行与到达时间，都能够直观呈现。再加上很多车辆出厂前，就已经安装了智能车载终端，这些不同的信息，可以在智能终端转换为文字，方便出行者随时查看，而智能终端能够在最短时间内，对这些信息进行统一处理，有利于提升城市智能交通体系效率，提升城市智能交通水准。此外，对欧洲国家进行研究，欧洲国家相对分散、人口较少，对智能交通要求并不高，再加上车辆的信息不一致，难以在短时间内构建完善的智能交通体系。但是，欧洲国家发展相对迅速，无论是车辆运行还是控制系统，都相对完善，这也意味着，如果在欧洲国家构建智能交通系统，其发展前景相对广阔。最后，对新加坡的智能交通体系进行研究，新加坡土地面积 680 平方公里，人口在 400 万左右，但是，新加坡智能交通体系极为完善，更具有较强的运输及调节能力，新加坡的土地使用科学、合理，早已成为亚洲典范。对新加坡智能交通系统进行具体分析，新加坡的智能交通系统，早已形成智能且系统化结构，在这一智能系统中，不仅可以连接车辆、监控、收费、车速及交通信号，其交通智能系统，更能汇集不同信息，结合各类信息变化，在最短时间内做出最为精准的判断，进而为出行者及交通系统提供真实、实时数据。

国内土地辽阔，人口数量位居全球第一，大量的人口，虽能推动科技与经济发展，但是，在发展过程中，亦出现诸多问题。其中，以交通体系为例，国内交通环境极为紧张，究其原因，主要源于人口基数大，车流量在短时间内迅速增加，这些存在的问题，势必会影响城市交通发展。为解决这一问题，智能交通逐渐得到重视，并成为社会研究重点内容。以科技部为主，针对这一重要研究内容，开展相关示范工程，并以城市的高速公路为主，构建智能交通体系，在智能交通体系构建过程中，交通体系逐渐完善，并连接多项内容，逐渐形成完善交通网络，实现智能化管理。为进一步规范城市智能交通体系，并收集更多精准信息，需要合理应用智能车载终端。要想使国内智能交通体系逐渐完善，并获取更多信息，使城市道路情况得到全面监管，需要合理应用智能车载终端，并加大智能车载终端研究力度，在智能车载终端研究工作中，投入更多的时间与精力，只有这样，才能优化以往城市交通体系中存在的问题，推动城市智能交通发展，最大限度解决以往城市交通存在的堵塞问题，从不同方面充分考量城市交通运行情况，以此降低城市交通事故率，降低城市交通事故所带来的伤亡问题，这也是智能交通系统的重要作用之一，应引起社会广泛重视。

一、智能车载终端的关键技术

（一）智能车载终端安卓系统

随着信息化技术的不断发展与完善，以往的单一系统逐渐优化，被全新的智能系统所取代。就当前的智能车载终端来说，在信息技术支持下，多应用嵌入式的操作系统，嵌入式操作系统多为 ios、Android 以及 WindowsCE 系统，除去 Android 操作系统，其他的几大系统为收费商品，且价格相对较高。这些收费的系统，其源代码受到限制，不利于构建城市智能交通系统，势必会降低城市智能车载终端系统的开发积极性。对不同的智能嵌入式系统加以分析，在这些系统中，Android 的开放性较高，且允许移动终端加入其中，因此，Android 智能操作系统，在短时间内迅速发展，并得到普及应用，为智能车载终端多元化发展提供了可靠支持。再加上 Android 系统的整体开发性较强，为诸多的开发者提供了优质、高效的开发平台，在当前的智能车载终端系统中，不仅得到充分重视，更为用户带来全新体验。与此同时，Android 的硬件扩展能力不断增加，并推出诸多软件，这些不同的软件，能够为驾驶者提供不同功能。再加上在 Android 系统中，可以增加百度、高德等多种导航软件，不仅能够为驾驶者领航，更能优化路线缩短不必要的行驶路线，有利于节能减排。Android 作为智能车载终端的关键技术，在应用中不断更新完善，并扩展到如今的交互功能，有利于实现智能化管控。

（二）智能车载终端 CAN 总线技术

对 CAN 总线技术加以分析，该项技术出现时间相对较早，在应用中不断更新完善，合理应用 CAN 总线技术，不仅能够实现车辆内部的信息处理，更能实现车辆内部的数据通信，使 CAN 得到广泛应用，有利于提升车辆内部的控制能力。要想充分发挥 CAN 总线技术作用，应明确 CAN 总线技术的特征，对这些特征加以分析，并以此为智能车载终端的研发基础。例如，CAN 总线技术，能够根据优先权，确保总线访问稳定运行。此外，CAN 总线技术，具备远程数据请求功能，能够在远处观察到车内情况，并结合各类信息，检测出存在的错误指令，以此降低车辆可能存在的故障问题，并鉴别可能出现故障的点。CAN 总线技术，其内部的数值，均来源于两种数值，上述两种数值，具备显性与隐性逻辑。在隐性状态下，其内部 Vdiff 接近于 0。而在显性阶段，显性状态不仅能改变隐性状态，更能在隐性状态发送相应信息，进而提升车载终端的智能化。对 CAN 总线技术结构加以分析，这一总线技术，遵循 OSI 模型，并在这一模型中被分为两大部分，其中一部分能够在数据链支持下，连接不同数据。而另一部分，则为物理层，物理层不仅能够接收、发送相关信息，更是相关智能车载设备的终端接口部分。而其中的数据链，分别为逻辑控制与媒体访问两部分，在智能车载终端设备中，这些功能尤为重要，因此，要想不断强化这些功能与作用，并实现智能交通体系，一定要给予这些关键技术充分重视，并做好 CAN 报告发送与接收工作。合理应用此项总线技术，不仅能够降低汽车数据交换错误导致的危险问题，对车辆数据传输提出全新要求，稳定运行的 CAN 总线技术，具备错误数据的识别能力，并能降低错误概率。另外，CAN 总线技术具有实时性，能够避免数据延迟问题，并降低数据延迟带来的影响。

二、智能车载终端在智能交通系统中的具体应用

（一）应用于城市公交

公交作为城市交通的重要构成部分，不仅是城市连接纽带，更具备生产、服务及公益性等多种特征，城市的公交车，不仅是城市稳定运行的生命线，更能解决大量尾气排放与燃油消耗等问题。构建智能化的公交车线路，能够解决城市堵塞问题，缓解城市早晚高峰期的道路压力。大量的人口聚集，势必会导致诸多出行问题出现。只有解决大部分人口出行存在的问题，才能促使城市经济、政治、文化全面发展。但是，随着公交线路的增多，城市公交存在的问题逐渐凸显。其中，城市公交管理不当问题频发，尤其是公交运行期间，除去司机，基本处于无监管状态。另外，城市公交的安全管理能力较弱，近些年，不仅出现乘坐者伤人，或是抢夺方向盘问题，更带来严重的人员伤亡与经济损失。此外，部分公交公司，不具备科学的考核制度，部分司机在工作中敷衍，极易导致逃票与舞弊等问题出现。为解决这一问题，应在当前的公交车系统中，增加智能车载终端，充分发挥智能车载终端功能，解决以往公交运行存在的问题。首先，在智能车载终端应用中，可以借助智能车载内部的定位系统，确保公交车位置实时传递，而运营企业管理人员，可以根据监控或是信号接收站，对部分处理难度大的问题进行优化。在智能交通系统中，不同的颜色与轨迹不断移动，在智能系统管理下，能够提前做好调度工作，不仅能确保运行路线畅通无阻，还能降低可能出现的安全事故。此外，智能车载系统的查询功能，能够使驾驶者清楚各类交通运行情况，一旦出现故障车辆，智能车载系统能够及时反馈车辆存在的问题，并在最短时间内出具故障车辆的处理方式，缩减故障车辆维修时间，在保证车辆运行的同时维护车辆安全。此项智能车载系统，不仅能够在公交车中应用，更能在不断扩展中应用于长途客车，提升长途客车运行安全性，为公交车考核提供可靠依据，并做好公交车系统的计划与管理能力，不断提升公交车管理能力。

（二）车载智能终端应用于不同系统

在智能车载终端设计工作中，需要借助模块化设计方式，结合不同车辆驾驶与承载需求，构建不同的终端系统，并在这一过程中结合不同行业要求，为智能终端系统配置相关硬件与软件设备。例如，在货物运输车辆或是出租车中，可以根据其运营需求，选择高端或是低端配置。以低端配置为例，低端配置可以借助IC端口，或是离线分析，获得车辆行驶的安全数据。而对于运行要求较高的车辆，可以在智能车载终端安装卫星定位装置，构建更加完善的运行网络，并进行实时监控，在出现问题后，能够准确鉴别车辆故障，并打造无线通信设备。此外，在高端定位系统中，可以增加车辆视频监控、无线网络，并提供导航服务。根据不同的车辆需求，选择适合的智能车载终端，不仅能节约资金与资源，更能打造完善的交通系统，以客观的方式，为交通运行提供保障，并借助收集的各类信息与数据，评估车辆可能出现的故障问题，进而达到警示作用，确保车辆行驶安全，确保城

市交通安全。

要想进一步完善智能车载终端性能，首先，应了解智能车载终端的基本定义与涵盖内容，只有这样，才能不断创新，打造更为完善的智能车载终端系统。对智能车载终端加以分析，所谓的智能车载终端，需要具备定位、通信、图像、视频、行驶记录、通话、人机交互、数据处理、安防报警等多种功能，这些功能，不仅能引导车辆规范驾驶，更具备语音播报、安全断油及保护等多种作用，只有集合这些功能，才能发挥智能车载终端应有的作用，为打造智能交通提供可靠支持。因此，在智能车载终端研发与安装过程中，应预留出相应接口，并配备完善的硬件设备，如配备 DSM 摄像头实现驾驶员驾驶行为监测功能，以此保证软件功能及相应算法充分发挥。智能车载终端，不仅能够完善车辆的监控系统，更能与车辆内部诸多部件连接，构成全新的智能网络，为更多车辆提供有效信息，促使城市交通智能化，以此促进城市发展，解决城市交通中存在的问题。

第七节　物联网技术在生活和智能家居中的应用

科学技术的快速发展催生了科技革命水平的一次又一次提升，也提高了人们的生活水平和质量。物联网的出现使人们的生活方式开始向智能化的方向发展。未来的城市必将是智能的，未来的地球也必将智能化。物联网可由不同的传感器进行网络相互连接来实现人与物或者物与物之间的信息交换与控制，其应用范围非常广泛。本节主要阐述了物联网技术目前在城市小区和家庭等方面的应用情况。

物联网作为一种信息技术，是科技快速发展的产物，也是网络技术发展到一定阶段的产物。其主要技术是由感知技术、网络连接、智能化及自动化的结合集成的系统。从技术角度分析，物联网是由各种不同的传感器、传感器网络神经网等传感技术知识组成。通过不同的网络渠道，如通信网、互联网等进行网络的数据传输，利用计算机智能化和自动化控制技术来实现人与物融为一体的智能化控制。通俗地讲，物联网的终端不仅限于人，还可以是物体。将物体接入互联网，为每个物体分配一个处理器和网络 id 和传感器。最终实现物物之间的信息交流，使得人和物的信息交流变得更容易。目前所使用的一切设备加上传感器和定位，控制等设备就可以实现智能应用。

本节主要讨论了物联网的应用情况和其未来的前景。目前世界上大部分国家是非常支持物联网技术的，我国也积极响应。温家宝总理曾谈到感知中国的理念，另外我国的高校大部分开设了物联网课程和物联网研究生院，足以看出我国对物联网技术的重视及物联网未来的发展前景。由于其在中国的发展时间不长，仍处于起步和雏形阶段，还有待继续发展。

总的来讲，物联网是由感知层、网络层和应用层 3 个主要层面构成的。感知层在物联网中的作用是通过各种不同的传感器及传感器神经网络来对信息进行识别和采集，是物联网必不可少的重要组成部分；网络层则由各类不同的网络组成，主要由通信网、互联网、局域网、卫星网等网络设施组成。网络层的作用是对感知层采集信息进行接入和传输；应用层是依据不同客户的要求建立的应用管理平台，并根据各种不同的应用需求设计相关的程序，以实现物联网的智能化应用。

一、物联网应用概述

物联网是一项新的信息技术，是信息技术高速发展到一定阶段的产物。英文名称是Internet of Things(IoT)，即完成人和物相连或物物相连的网络。其核心技术仍然是互联网，它是在互联网进一步发展的基础上形成的。目前其在生活中的应用相当广泛，被称为一次信息技术的变革。物联网的应用让人们的生活变得更加智能和轻松。技术部分：利用不同的网络技术把传感器、控制器、人、物等通过网络的形式连接在一起，完成最初由人和物连接向物和物相互传输信息的功能转换。物联网的支持技术是建立在互联网的基础之上的，是互联网的进一步发展。它包含互联网的所有的信息，具备互联网所有的功能。在物联网中每个物体和单元都是一个独立的单元。物联网被称为继计算机、无线通信技术、互联网之后的第4次信息技术革命。物联网可以实现物和物的连接，主要表现为通过在物体上安装设备和设施，利用各种不同的网络实现相互联通，形成一个覆盖面极其广阔的神经网络，能够实现对临时或长久数据信息的采集、远程监控、定位服务，自动检测报警、远程控制等便利的且具有意义的功能，最终实现智慧城市。智慧地球也必将是未来的现实。物联网技术的发展，让人可以和物、地球、建筑等进行信息交流。从对家用电器的控制，到对汽车、建筑物的控制，物联网技术的发展，不只是改变人们的生活理念，更使人们的工作和生活质量得到了极大提升。因此，物联网技术被称为一次信息技术革命是有其道理的，而且必将带来一次空前的技术革命。接下来本节对"十二五"中物联网的应用领域进行分析。其主要领域有交通、物流、卫生、家居、电网、公共安全等，其中让城市智能化是作为建设我国城市的发展和转型的关键决策和战略。

二、智慧城市

城市智能化是"十二五"的理念之一。智慧城市的最终目的是服务人民，使人民的生活更加便捷和舒适，应该对城市的公共服务设施进行改装。主要有以下几种措施：首先，交通体系、电网体系、医疗体系、家居等作为最先的改革切口。其次，对现有的数字产品(如手机、电脑等)进行升级换代。物联网的最终发展状态是把人与人、人与世界连接在一个网络体系，可以便捷地改变对城市管理和操作运行的方式以及城市人口的生活方式。运用各种不同的传感器网络，可以实现对城市设施的管理，及时了解电力供应、城市交通、道路拥挤、停车场等城市基础设施的运作是否良好。如果出现了异常情况，可及时通过智能化网络报警或者与相关部门联系共同解决。运用城市环境检测系统可以及时查询气象、交通等信息情况。另外可以根据空气污染监测系统的污染指标，自动启动道路喷水系统来降低污染情况，使空气更加干净；除此之外，城市中的水监测和报警系统也可以快速采取相关的措施。交通系统智能化不仅可以提高城市交通畅通率，避免长时间拥堵，更能够提高交通的安全水平。智能交通主要由自动交通信号灯控制系统、交通信息系统、公共控制系统等组成，另外也可以实现与其他系统联网。连接交通系统可以更快捷地查询通行路段的道路状况，避免拥堵和阻塞，提高行车效率，缩短车旅程；更能方便快捷地了解停车位信息。导航系统可以进行实时导航，增加道路安全性和司机的警惕性。连接城市安全系统，在城市中各主要路口和道路上安装视频监控设备，可以对过往的人和车辆进行识别和监控。另外，配置报警系统后，当发现可疑人物或者车辆的时候可以向警察局传输报警信息，这可以预防和阻止犯罪的发生，大大降低犯罪率。城市中的火警监控网络及报警系统，可以降低火灾发生频率，提高救火效率。

三、智能楼宇管理

将现代的建筑和计算机物联网相互连接的技术，在全国各地发展得相当迅速。建筑智能化可以使建筑的功能得到很大的提升，改善了居住环境，且可以更高效和方便地管理。智能化可以降低能耗，更主要的是可以安全而智能地提供一个更加安全、舒适的工作和生活空间。智能楼宇最突出的功能是其安全性。其系统包含各个进出口监控控制系统、自动报警系统（防盗报警、火灾报警）、广播系统、车库管理系统等。另外一个突出的特点是居住的舒适度更高。自动化系统包括供配电系统、照明系统的智能化，电梯、空调的智能化，用水系统的智能化，电视系统的智能休眠等。这些都能给人们带来安全而舒适的体验。建立智能化建筑，大楼内的所有公共设施都可以智能化控制及监测，人们能更加清楚地了解不同设备的运行、保养情况。减轻物业的负担，使物业管理更加轻松和高效，并且可以降低能耗，以最终实现对信息的处理及保证提供给建筑内舒适、安全的环境。

四、智能化小区

目前，智能化小区开始慢慢地得到人们的青睐。人们越来越接受智能化带来的便利，智能化小区包含了计算机技术、通信技术、自动控制技术等，可以用于连接信息服务网络和家庭网络，最终实现小区的安全监控、物业管理等等，使整个小区处在一个安全透明的环境中。在小区的车位系统管理方面，小区的实时信息可以得到迅速发布。目前，与传统的小区相比，智能化小区的公共设备的监控和管理能力、小区的火灾报警系统以及监控系统都极大地降低了火灾的发生率，使小区更加安全。其功能也更加强大和细致，使居民生活更加舒适便捷。当前，物联网技术在智能化小区的应用效果显著，运用物联网建立一个安全、舒适的小区非常有必要。

五、智能家居

物联网是向智能化发展的技术，或者说是智能自动化。物联网"十二五"规划的出台，智能家居在规划中占据了重要的地位。家居的智能化更加便民，智能家居是将各种不同的家居设备集成于智能的家庭网络中，不同的家居设备融入计算机网络系统、自动化控制系统等等，通过一系列的网络进行传输，最终实现自动化的控制，另外也可以实现对家庭设备的远程操控或者家居的自动定时、自动操作来达到节能的目的，并且可自动改善家居生活的舒适度，不同家居能实现彼此的全方位的信息交流。所谓智能家居，通俗地讲就是家居设备的自动化运作。对于各设备的运行，其安全是第一位的。这就要求智能家居首先必须由防盗、防劫、防火、防燃气泄漏、紧急报警和自动救援等功能组成；其次，应该可以使家庭更加舒适，家庭设备更加节能，运行更加智能化；最后，希望全部的家电都能完成智能化的运作，并且可同人进行信息交流，包括节目游戏、娱乐、电视节目的转播等等。

每次的技术革命都会使人类的生存习惯和生活方式得到翻天覆地的改变，物联网技术作为一次具有意义的信息技术革命，可以很大程度改变人们的生活质量，实现人与物的相互联系，给人类的生活带来了巨大的改变。物联网技术将各种设备集成到物上，可以实现其自动化、智能化的运行。其技术的应用使人类生活方式更加舒适和便捷。不远的将来，物联网必将实现智能化的地球，必将惠及每个地球人。

参考文献

[1] 李科坤. 城市轨道交通运营管理的规范化 [J]. 黑龙江科技信息，2014(20)：234-234.

[2] 潘梦梦. 轨道交通运营管理模式分析 [J]. 商品与质量，2020(26)：32.

[3] 毛保华. 城市轨道交通系统运营管理 [M]. 北京：人民交通出版社，2006.

[4] 鲍燕. 浅谈城市轨道交通运营管理问题及对策 [J]. 交通科技与管理，2020(8)：136.

[5] 周丽艳. 探析城市轨道交通规划与城市规划的互动关系 [J]. 工程建设与设计，2017(8)：95-96.

[6] 杨永平，赵东，边颜东. 我国城市轨道交通发展的政策变迁 [J]. 都市快轨交通，2019，32(01)：4-8.

[7] 汪爱东，汪凤弟，韦庭三. 城市轨道交通道岔损伤原因分析及整治措施研究 [J]. 工程实践，2019.

[8] 王潇骁，虞翊，刘循. 道岔限速对站后折返站型折返能力影响分析 [J]. 城市轨道交通研究，2019.

[9] 张刚. 城市轨道交通用 60kg/m 钢轨 9 号单开道岔的研制 [J]. 山西建筑，2019(6).

[10] 燕飞，闫宏伟. 北京市轨道交通安全领域管理体系框架研究 [J]. 城市轨道交通研究，2015(10)：5.

[11] 张红欣. 城市轨道交通运营安全管理体系探讨 [J]. 都市快轨交通，2017(1)：110.

[12] 王铭，刘翠. 城市轨道交通运营安全管理体系探讨 [J]. 建筑工程技术与设计，2018(13)：3771.

[13] 吕培印，刘淼. 城市轨道交通建设安全风险管理现状与发展建议 [J]. 都市快轨交通，2018(6)：4.

[14] 金淮，张成满，马雪梅，等. 城市轨道交通安全风险技术管理体系的建立 [J]. 都市快轨交通，2010(1)：34.

[15] 张素嫣. 城市轨道交通运营应急管理与安全管理体系研究 [D]. 山东：山东科技大学，2017.

[16] 白丽. 城市轨道交通线网运营安全保障及评估体系研究 [D]. 北京：中国铁道科学研究院，2016.

[17] 夏晓辉. 哈尔滨地铁车辆驻厂监造实践与思考 [J]. 现代城市轨道交通，2020(7)：100-103.

[18] 张海涛，程永谊．城市轨道交通车辆监造工作重点难点分析及解决措施 [J].现代城市轨道交通，2019（6）：49-54.

[19] 严靖杰，金祖祺．城市轨道交通车辆现场监造方法与实践 [J].建设监理，2019（4）：62-65.

[20] 付省平．铁路车辆产品批量制造监造要点探讨 [J].设备监理，2019（2）：18-20；49.

[21] 王怀明，徐强．提高机车车辆监造质量的分析与建议 [J].设备监理，2019（2）：37-40.